Komm und folge deinem Herzen

ECON Sachbuch

Zum Buch

Jedermann kennt ihn als verständnisvollen engagierten Christen und Talkmaster, doch wie ist aus Jürgen Fliege, dem beliebten Pfarrer der kleinen Gemeinde Aldenhoven am Niederrhein, der von Millionen verehrte »Fernsehstar« geworden? Unverblümt erzählt Jürgen Fliege von seinem ganz besonderen Weg, der ihn aus der engen Welt der Amtskirche in die bunten Kulissen der Fernsehstudios führte. Noch nie hat ein Talkmaster so offen über seine Ängste, Hoffnungen und Motive gesprochen.

Zum Autor

Jürgen Fliege ist Pfarrer, Talkmaster, Filmemacher, Publizist und Autor. Er ist verheiratet, hat zwei Töchter und lebt in Berlin.

Jürgen Fliege

Komm und folge deinem Herzen

Von der Kanzel zur Kamera

ECON Taschenbuch Verlag

Veröffentlicht im ECON Taschenbuch Verlag

Originalausgabe

Umschlaggestaltung: Theodor Bayer-Eynck, Coesfeld
Titelabbildung: Foto Sessner
Fotorechte (Innenteil): Teletime (1, 6), Peter Rondholz (2), Abacus (3), Foto Sessner (8); die übrigen privat
Lektorat: Reinhard Rohn
Gesetzt aus der Garamond, Linotype
Satz: Josefine Urban – KompetenzCenter, Düsseldorf
Druck und Bindearbeiten: Ebner Ulm
Printed in Germany
ISBN 3-612-26373-0

Inhalt

Vorwort

»Fliege« oder Pfarrer Fliege

Der Mann wiegt sicher über zwei Zentner, und Mitte Fünfzig wird er auch wohl sein. Seine Kleidung wirkt etwas heruntergekommen. Das weiße T-Shirt ragt halb aus der schmuddeligen Hose. Er paßt gar nicht so recht zum weißen Mamorflughafen von München. Jetzt hat er offenbar meinen prüfenden Blick bemerkt. Als wenn man Blicke fühlen könnte. Er schaut zurück und steuert direkt auf mich zu. Was soll ich tun? Warum um alles in der Welt schaue ich mir die Menschen um mich herum auch immer so genau an? So genau, daß sie es irgendwann spüren müssen: Kleidung, Gang, Ausstrahlung, Blickkontakt. Mit meiner Frau habe ich oft Wetten abgeschlossen, daß ich sogar sehen könnte, ob ein Fremder katholisch oder evangelisch sei. Jetzt habe ich wieder den Salat. Ich wollte doch nur von ferne sehen, und jetzt macht wieder ein Mensch ernst und kommt spontan auf mich zu. Er holt aus und schlägt mir strahlend mit einer Zweizentnerpranke auf die Schulter. »Fliege? Sie sind doch der Fliege!?« Ich hole irgendwo noch ein wenig Luft her und nicke stumm mit einem rot gewordenen Gesicht. »Mal eine

Frage, Herr Fliege oder Pfarrer Fliege, oder sage ich Fliege oder darf ich einfach Jürgen sagen?«

»Egal«, antworte ich meistens, wo ich doch offensichtlich sowieso schon zu seiner Familie gehöre. Und ich tröste mich, daß Vertrauen ehrt. Es gibt keine andere Ehre. »Also stimmt es, Jürgen, daß du oder Sie wirklich Pfarrer sind. Und hast du noch eine Gemeinde? Und wie kommen Sie denn von der Kanzel ins Fernsehen? Entschuldigen Sie, Herr Fliege«, fährt er fort, »aber sicher ist Ihnen diese Frage schon oft gestellt worden.«

»Ist sie, doch keine Bange, Sie können sie ruhig zum x-tenmal stellen. Und ich kann mir auch denken, warum Sie so zögern. Sie verstehen wohl etwas von Menschen! Und Sie haben auch recht mit Ihrer Befürchtung, mich vielleicht zu langweilen oder zu belästigen. Aber das liegt nicht so sehr an Ihnen. Das liegt an mir. Das Blöde ist ja, daß ich mich um so mehr langweile, je öfter ich darauf antworten soll. Und genau das scheinen die Menschen wohl zu spüren. Ich kenne schließlich meine Geschichte schon. Und wenn ich sie erzählte, erzähle ich sie ja immer auch mir selbst.«

Denn das ist ja das Geheimnis des Erzählens: Man muß nicht nur anderen Zuhörern erzählen, man muß sich auch noch zuhören können. Denn es kommt beim Wieder- und Wiedererzählen auch manch neuer, verlorener und untergegangene Faden hinzu. Erzählen ist oft die beste Therapie, aus den schwarzen Löchern des Lebens herauszukommen. Erzählen hilft die verwirrenden Mosaiksteine des Lebens zu ordnen. Da wird Stein um Stein gezählt. Erzählen ist die älteste Medizin. Erzählen hält die eigene Seele in Atem und wach.

Aber wenn man alles schon x-mal erzählt hat, macht es auch müde, und man muß davon Abschied nehmen können. Das gelebte Leben darf nicht fade werden von lauter Wiederkäuen und Scheinwerferlicht. Es muß auch einen Rest an Geheimnissen behalten, damit man neugierig bleibt. Sonst spuckt man es aus. Es geht dem Erzählen so wie der Hefe, es muß immer so viel übrig bleiben, daß man vom Rest, der einem selbst noch wie ein Geheimnis vorkommt, erneut ins Erzählen kommen kann. Man darf nicht alles zu Markte tragen. Man darf nicht alles verbrauchen.

Aber wie erzählt man wieder und immer wieder, ohne direkt dabei zu sein? Was gebe ich den Journalisten, die immer und immer wieder dieselben Frage haben? Ich schreibe einfach auf, was ich bis heute als Antwort auf die typischsten Fragen gefunden habe. Ich erzähle, wie ich immer noch Pfarrer bin und wie ich eine Gemeinde hinter mir lassen mußte, um eine neue zu finden. Eben wie man erst eine Kanzel verlassen muß, um auf eine neue treten zu können.

Also, wie war die Frage? Ob es stimmt, daß ich Pfarrer bin und wo denn meine Gemeinde sei? Und wie ich denn von der Kanzel vor die Fernsehkamera gekommen sei? Und ob das nun mehr ein Abstieg oder Aufstieg sei, und ob ich eines Tages wieder Pfarrer werde? Unendlich viele Fragen von unendlich vielen Menschen. Ein paar Millionen dürften es schon sein. Meistens sind es leise gestellte Fragen, sie sind unhörbar für mich, den Mann hinter der bunten Wohnzimmermattscheibe. Aber Tausende schreiben mir jetzt, und ein paar hundert Zuschauer trifft man Gott sei

Dank irgendwo immer live, im Studio, auf der Straße, beim Bäcker, in der Kirche. Und da muß es sich zeigen, ob der Kerl, wenn er denn dreidimensional aus Fleisch und Blut daherkommt, auch echt ist. Und echt heißt bei ihm Nähe. Und Nahsehen ist immer noch besser als Fernsehen. Nähe ist gut gegen Fernsehen. Nähe ist und bleibt die einzige Marktlücke des Lebens in der Mediengesellschaft. Nähe ehrt, denn Nähe ist Vertrauen.

Von Kopf bis Fuß auf Liebe eingestellt

Es muß irgend etwas an mir geben, das Menschen anzieht wie Honig die Wespen oder das Licht die Motten. Irgend etwas an Energie, Strahlung und Ausstrahlung muß es geben und daß ich wohl andere Menschen ebenso brauche wie ein Fisch das Wasser. Warum sonst klingeln die Landstreicher an unserer Pfarrhaustür offenbar öfter als bei anderen? Oder liegt das daran, daß sie ab und zu bei mir in der Badewanne liegen dürfen, während ich mit meiner Frau darüber streite, wohin mit den vollgepinkelten fremden Unterhosen? Waschen oder einfach wegwerfen? Und welche ältere Unterhose bekommt er dann von mir? Und warum lege ich nachts um drei nicht einfach den Hörer auf, wenn sich eine Frau aus der Gemeinde endlich so viel Mut angetrunken hat, daß sie mir unter Tränen von ihren Schmerzen erzählt? Und neben mir liegt meine Frau und kann wieder nicht schlafen und erklärt mich später, mal lächelnd, mal wütend, für verrückt. Warum tätschelt mir die fremde Frau, die im Flugzeug neben mir sitzt, gleich die Hand und fragt erst dann, ob ich der Fliege von »Fliege« bin. Und warum setzt sich die ältere Dame, die offenbar in Kur in Bad Tölz weilt, gleich mit an den Tisch, um ihr Leben über meine Erdbeertorte zu gießen, während sie meine Frau überhaupt nicht zur Kenntnis nimmt? Soll ich sie verjagen? Eine solche Situation geht ja noch. Da passiert nicht viel. Aber was mache ich mit den Menschen, die meine Adresse mühsam herausgefunden, alles Geld zusammengekratzt haben, um mit dem Zug durch halb Deutschland zu mir zu fahren und um Hilfe zu rufen? Und nun stehen sie sonntags in aller Herrgottsfrühe vor mir. Soll ich die nach Hause schicken, selbst wenn ich fühle und fürchte, daß es ihr Tod sein könnte? Was mache ich falsch? Ich kann nicht gut »nein« sagen. Aber ist das eine Krankheit oder eine Gesundheit?

Wenn das Volk nicht mehr zu mir und meinesgleichen in die Kirche kommt, müssen die Pfarrer eben zum Volk gehen! Aber sie tun es sonst nicht! Liegt das bei mir vielleicht nur daran, daß ich auch »leutselig« bin, wie wohl ein altes deutsches Wort heißt, das mein Verhältnis zu anderen Menschen beschreibt. Ich bin leutselig, denn ich bade ganz gerne in der Menge, fühle mich wohl in der berüchtigten gesichtslosen Masse, dem sogenannten einfachen Volk, und fühle mich als einer von ihnen. Meine Schuhe sind nie blitzblank sauber, und meinen Fingernägeln fehlt der letzte Schliff. Kein Wunder, daß ich mit den »Pennern« unter den Brücken eher zurechtkomme als mit manchen Prominenten.

Aber vielleicht ist das doch auch ein Zug, der Jesus ähnlich ist, den ihm die Pharisäer aller Zeiten mit rümpfender

Nase vorhielten: Fresser, Weinsäufer, der mit dem Volk tanzt! Der Mann aus Nazareth schielte ständig auf das einfache Volk, und er war und bleibt ein Mann der Straße. Wir Christen haben eben von Haus aus keine Religion für einzelne Menschen oder sogar Egoisten. Unsere Religion verbindet immer. Die läßt sich schrecklich schlecht allein erleben. Sie hat eben eine jüdische Mutter. Da wird ausschließlich vom Volk geredet. Wir sind eine Religion des Volkes, des »Volkes Gottes«, die nur dann die Kraft und Möglichkeiten von Religion spürt, wenn sie zusammenkommen.

Dem politischen Gezeter in den Staatskanzleien vom »Druck der Straße« bin ich daher immer mißtrauisch begegnet. Druck der Straße bedeutete für mich immer auch Druck und Ausdruck des Volkes. Und ich bin einer davon. Ich fühle mich wohl unter Menschen. Ich bin im tiefsten kein Intellektueller. Ich habe zu kleine, grobe Handwerkerhände, nie ein Taschentuch bei mir und keine Schwierigkeiten, Fremden ohne Vorbehalte und Distanz zu begegnen.

Ich denke, das ist das Geheimnis einer meiner Begabungen. Ich schaffe Vertrauen, weil ich nicht richte und moralisiere. Ich fühle und taste mich an ihre Seite, weil ich nicht oben und über ihnen stehen möchte. Ich verstehe. Und das bedeutet, daß ich neben einem Menschen stehe. Das drückt sich schon in der Sprache aus, die ich spreche. Und Verstehen geht immer über Moral. Moral kommt von oben. Verstehen kommt von der Seite. Verstehen ist zum Anlehnen. Moral von oben zum Ducken. Moral hasse ich und fürchte ich. Es ist ein Instrument der Mächtigen. Verstehen fasziniert mich. Es ist ein Instrument der Liebe untereinander.

Das ist es wohl, was meine »Leutseligkeit« ausmacht. Schließlich hat es was mit »selig« zu tun. Und was das wiederum sein könnte, haben mich meine Kinder gelehrt, als sie noch sehr klein waren. Sie spielten ohne elterliche Aufsicht in ihrem Kinderzimmer. Und dann und wann passierte es einfach, daß nicht Streit und Eifersucht ihr Spiel beendete, sondern daß es für elterliche Ohren beunruhigend ruhig wurde. So ruhig, daß meine Frau und ich instinktiv aufstanden, um nach dem Rechten zu sehn. Und was war? Die Kinder spielten selig! Sie waren unendlich zufrieden und fühlten sich gar nicht allein. Sie verschmolzen mit ihrer Umgebung, mit allem was lebt und um sie herum existiert. Ob es nun in meinen Augen tot oder lebendig war, gut oder böse, Freund oder Feind. Sie waren selig.

Und wenn meine Töchter nun ihre Seligkeit sogar dem Umgang mit einfachsten Holzbauklötzen verdankten, die in ihrer Seele und ihrem Erleben auf einmal quicklebendig erschienen, werde ich es doch wohl auch mit Menschen erleben können? Selbst wenn sie dann und wann wie aus Holz und hölzern wirken. Sie sind es nicht. Niemand ist aus Holz. Nicht einmal das Holz! Alles hat eine Seele, und es kommt darauf an, Wege zu finden, sie auch zu spüren.

Selig ist eben etwas anderes als glücklich sein. Selig ist viel stiller. Selig ist viel unsichtbarer und spiritueller. Selig ordnet sich mehr ein. Selig fühlt über den Tod hinaus.

Denn selig unterscheidet nicht mehr zwischen Dingen, die man auf dieser Welt für tot oder lebendig hält. Selig der Mensch, der weiß, daß er zu allem anderen gehört und nicht nur zu den Menschen. Was ist ein Fisch ohne Wasser? Selig der Mensch, der über dieses Gefühl auch ins Schwärmen kommt wie die Fische im Wasser und beschwingt die Vögel unter dem Himmel versteht. Selig, der Mensch, der das tanzend erfährt und die Schwerkraft des Alltags überwindet.

Der Tanz aus der Reihe

Aber wie entkommt man dem Trott der lebenslangen Verbeamtung? Wie entkommt man der unmerklichen Einfärbung, mit den Jahren immer schwärzer und schwärzer zu sehen? Wie durchbricht man die Mauern der festen Erwartungen von Familie, Kollegen und Institution? Wie befreit man sich von den festen Formen der Tradition und Überlieferung? Wie soll ich weglaufen, wenn die Reihen fest geschlossen sind? Es geht nur so, daß man aus der Reihe tanzt!

Einmal im Jahr auch aus der Reihe zu tanzen, reicht nicht. Und einmal im Jahr über die Stränge zu schlagen, reicht auch nicht. Alles das reicht nicht, um gesund zu bleiben.

Denn unser Leben fühlt sich nach meiner Erfahrung nur gut und gesund an, wenn wir hin und her wandern zwischen Ordnung und Chaos und wieder zurück. Es ist doch so: Wenn bei uns alles drüber und drunter geht, wollen wir unbedingt Ordnung machen. Aber wenn es dann dem Esel zu wohl geht, geht er bekanntlich wieder aufs Eis. Auf ins Chaos der Gefühle! Auf ins Abenteuer! So sind wir eben. Von Zeit zu Zeit ist ein Tanz aus der Reihe eben an der Zeit. Und das ist gut und heilsam. Es gehört zum Rhythmus des Lebens. Und wie heilsam so ein Rhythmus für uns Menschen ist, wird erst langsam wieder entdeckt. Wir sind eben mehr als die Summe unserer Organe. Wir sind auch die Summe unserer Gefühle. Wir sind wie die ganze Natur voller Wellen und Schwingungen. Und wenn da was ins Stocken gerät, was hilft da besser, als »beschwingt« zu sein. Unser Leben braucht die unsichtbaren »Schwingen«, die Flügel, die es über den Alltag hinausheben.

Wir Menschen sind keine Maschinen. Unser Rhythmus ist anders als der ewige gleichförmige und tödliche Maschinentakt. Zum Rhythmus des Lebens gehört das Ausbrechen und Abheben. Neues muß ausprobiert werden. Träume wollen Wirklichkeit werden. Fragt sich nur, wie man der Maschinerie des Alltags entkommt. Wer wüßte das besser als die Klugheit unserer Sprache. Sie weiß eben, wie man dem täglichen Trott und der Langeweile am besten entflieht. Durch einen Tanz aus der Reihe! Es ist die einzige Chance, der trottenden Herde und ihrer Marschmusik zu entkommen. Tanze doch endlich einmal aus der Reihe! Der Tanz hat seine eigene, große Kraft. Er ist die Medizin, der Schwere des Lebens zu entkommen. Er verleiht dem Leben die »Schwingen«, die Flügel. Jeder Wiener Walzer erzählt davon. Jeder Tango weiß, daß mit dem Tanz die Post abgeht.

So einen »Heiltanz« aus der Reihe, um sich zu finden, muß man nicht allein ausprobieren. Es geht auch gemeinsam. Der Tanz in den Mai und der »Hexenflug« zum Brocker sind ein kleines letztes Überbleibsel davon, daß man (oder besser Frau) auch gemeinsam aus der Ordnung heraustanzen kann. Es war seit Jahrhunderten der gemeinsame Versuch der Frauen, der Männerordnung zu entfliehen. Und wie geht das anders, als beschwingt zu sein, sich Flügel wachsen zu lassen, um aus der Reihe zu tanzen.

Und damit der Tanz gelingt und der Gartenzaun der täglichen Ordnungen auch wirklich überflogen werden kann, müssen die Männer einmal hübsch zu Hause bleiben. Das wurmt die dann immer. Aber das zeigt ja nur, wie treffsicher die Frauen sind. Der Tanz aus der Reihe ist das Terrain der Frauen geblieben.

Aber bevor ich erzähle, wie ich aus der Reihe getanzt bin, erst mal ganz zum Anfang zurück.

Wurzeln, Wurzeln

Der Verkäufer

Hätte meine Mutter gekonnt, sie hätte mich hinter der Theke ihres »Textilhauses« im Bergischen Land zur Welt gebracht. Das war der Platz, an dem sie sich ganz stark fühlte. Mein ehrgeiziger Vater hatte sie mit dreiundzwanzig Jahren gedrängt, ein Geschäft zu gründen. Er wollte mit allen Kräften der Armut seiner Kindheit entfliehen. Und sie nutzte ihr Geschäft als Fluchtpunkt vor ihrer Familie. Ich spürte die Kräfte, die meiner Mutter hinter der Theke zuflossen. Hier war ich gerne an ihrer Seite.

Pfarrer, Schauspieler, Scheinwerferlicht, es könnte doch sein, daß alles drei nicht hinreicht, meinen Weg auf die Kanzel und von dort vor die Fernsehkameras zu erklären. Schließlich fällt in meiner Biographie auf, daß Vater und Mutter beide Kaufleute waren. Und wenn denn der Apfel nicht sehr weit vom Baum gefallen sein sollte, dann müßte beim Sachverhalt, daß der Vater Industriekaufmann wurde und die Mutter mit dreiundzwanzig 1937 (!) keck ihr Textilgeschäft eröffnete, aus dem Sohn eigentlich auch nicht viel anderes werden als ein kleiner Kaufmann. Und wo der Vater mit Kameras handelte und die Mutter mit Hemdchen, da ist die Produktpalette doch so breit gefächert, daß für den Sohn mit eigenen Vorstellungen irgendwo zwischendrin auch ein Plätzchen für Religion und Ideologie frei sein müßte.

Dieses Erbe spüre ich deutlich in meinem Blut. Ich bleibe in jeder Fußgängerzone bei den Propagandisten stehen, und meine Frau geht heute noch mit mir ungern einkaufen. Und meine Töchter schämen sich, denn ich handele in jedem Geschäft. Vielleicht, weil ich wohl zu lange als kleiner Junge hinter der Ladentheke bei meiner Mutter zugebracht habe. Zu lange, um einen Preis für eine Ware als gottgewollt zu akzeptieren. Ich war dabei, als die Ware ausgezeichnet wurde und ihren Preis bekam. Ich war zu lange dabei, um bei jedem Handel nicht sofort wieder an das frühe Spiel des Handelns und Verhandelns anzuknüpfen. Es war immer ein Spiel um Ausgleich oder Macht. Und derjenige machte die besten Geschäfte, der seine Kunden nicht über oder unterm Ladentisch herzog, sondern Vertrauen säte. Dieses Grundgesetz der Kaufleute gilt auch heute noch. Warum soll es nicht für Kirche und Fernsehleute gelten? Schließlich zeigt sich im Talk-Show-Geschäft, daß Lieschen Müller nur den Menschen täglich in ihr Wohnzimmer läßt, dem sie vertraut. Brüll-Shows im Fernsehen haben bei uns vielleicht Saison, aber nie eine lange Zukunft.

Ich vergesse nicht, wieviel Macht auf einen kleinen Jungen überging, wenn er hinter der Theke steht. Gegenüber auf der anderen Seite der Theke des kleinen Textilhauses stand dann das Volk, die fremden Menschen. Diejenigen, die von einem etwas wollen. Schließlich kamen die Kunden zu uns und nicht wir zu den Kunden. Und neben mir meine Mutter und im Rücken die Ware, das Objekt der Begierde. Da spürst du wieder, daß ein Verkäufer auch auf einer selbstgebauten Bühne steht. Gegessen und getrunken wird heimlich hinter den Kulissen. Durch Kartonlücken wird nach Kundschaft gespäht. Dann wird der Rock noch mal kontrolliert und dann raus vor die Kunden. Der Kunde ist das Publikum. Die Theke im Geschäft meiner Mutter war die erste Bühnenerfahrung meines Lebens.

Hinter der Theke war für mich nicht nur Kulisse, backstage. Es war für mich wie für Teens und Twens bei Rockkonzerten, so etwas wie heiliger Boden. Kein Fremder durfte ihn betreten. Nicht einmal meine Schulkameraden. Meiner Mutter verdanke ich dieses Gefühl. Und meine Prinzipalin wußte, sie konnte nur bestehen, wenn sie alles gab, was sie hatte.

Noch heute versuche ich, meine kirchlichen Beamtenkollegen davon zu überzeugen, daß wir uns mit unserem Produkt Religion und Humanität, Sinn des Lebens und Ethik auf dem überfüllten Markt der Ideologien kaufmännischer verhalten müssen, als wir es bislang getan haben. Beamte im Textilgeschäft, das kann doch nicht gutgehen!

Aber Propagandisten sind genauso gefährlich. Sie schwätzen den Menschen erst eine Ware auf, indem sie ihnen einen Mangel einreden, den sie selbst gar nicht verspüren. Da wird dann kühn behauptet: Auch du brauchst Jesus! Ohne daß der Kunde im mindesten danach verlangt hätte. Es erinnert mich an schamhafte Momente im Textilgeschäft meiner Mutter, in das manche

Kundin kam, um Gardinen zu kaufen, und später mit einer Wolldecke nach Hause ging. Im täglichen TV-Geschäft heißt solche Propagandistenformel: Bleiben Sie dran, auch wenn Sie es nicht brauchen. Wir aber brauchen und mißbrauchen Sie!

Wir sind auf dem Markt. Und die Zeit, in der wir die einzige Kirche im Dorf waren, ist für alle Zeit vorbei. Und die Sünden der verschlafenen Beamtenkirche blühen in Form aller möglichen Sekten, die unsere Kinder verführen und die nicht umsonst gerade mit kaufmännischen Mitteln ihren Feldzug um die Seelen der Menschen führen.

Kleiner Mann, was nun?

Ich bin nun einmal der jüngste Junge in der Familie. Und der jüngste ist auch der schwächste und muß sich nach einer Lebenstechnik umsehen, seine Lebensängste zu besiegen, die ohne Muskeln auskommt. Und der Jüngste wird seine Lebensängste dadurch versuchen, in den Griff zu bekommen, daß er die Position des Gegners mit Charme unterläuft. Er wird den offenen Konflikt scheuen. Denn so blöd kann ja wohl keiner sein, gegen die offensichtlich stärkeren Menschen und Geschwister mit offenem Visier, Mann gegen Mann, zu kämpfen. Da läßt sich jeder kleine Kerl was anderes einfallen. Bauen die älteren Brüder und Schwestern im Leben auf ein Übermaß an eigener Anstrengung und Schlitzohrigkeit, was ja auch eine erhebliche Anstrengung ist, so ist der Jüngste einfach gezwungen, sich nach Mitstreitern umzuschauen.

Am besten nach dem größten, den es gibt. Und der Größte ist eben Gott selbst oder die große Kraft! ›Vertraue dich dem Größten an!‹ Die Märchen sind voll davon. Die Bibel auch. Das fängt bei Abel an, geht über Josef, den jüngsten Sohn von Vater Jakob, und führt weiter, wenn man erfährt, daß Johannes, der Lieblingsjünger Jesu, auch der Jüngste der ganzen Zwölfertruppe war. Nun ist es ganz außer Mode gekommen, sich einer großen Kraft, einem Lehrer, einem Vater oder einer Mutter anzuvertrauen. Licht und Sonne ist scheinbar zusammengeschmolzen auf selbstgemachte Scheinwerfernummern, die die Bühne des Menschenlebens beleuchten.

Und wenn man dann nicht nur der Jüngste ist, sondern zudem der Kleinste, ist man auf der Bühne erst recht richtig und in gleicher Gesellschaft. Auf dem Konfirmationsfoto bin ich immer noch der Kleinste, und Humphrey Bogart trug in »Casablanca« Stöckelabsätze, um Ingrid Bergmann in die Augen schauen zu können. Was ist dran am kleinen Mann? Heinz Rühmann war auch kleiner als Kohl. Und sein Vorgänger Helmut Schmidt investierte eifrig in hohe Blockabsätze wie Heike Makatsch von Bravo TV. Also denn: Das Leben betrachten wir Kleinen, Jüngsten und Nesthäkchen, Verlierer, Loser und Klassenclowns als Bühne. Und unsere Waffe liegt nicht in unserem Bizeps, sondern eher in den Visionen, Illusionen und in dem ständigen Appell an eine große Sympathie. Wir strahlen um die Wette. Wir nisten uns heimlich in die Herzen des Publikums. Und ich bin einer von den Kleinsten, der eben die Scheinwerfer braucht, um gesehen zu werden; der sie vielleicht auch braucht, weil er sich vor den Dunkelheiten des Lebens fürchten muß. Er kennt sie nämlich und weiß, daß er nicht stark genug ist. Kleine scheinen mehr Ahnung zu haben von der wahren menschlichen Größe.

Und weil er das weiß, spürt und ahnt, sucht er Mitstreiter wie im Märchen, in denen der Gott nicht als Person vorkommt, aber seine Tiere und Pflanzen. Tauben helfen Aschenputtel und Bienen dem kleinsten Bruder. Und irgendwelche ägyptischen Kaufleute dem Josef. Da wird aus dem kleinen Dummling allemal ein König. Denn das Kleinste und Unscheinbarste ist ihm nicht klein genug. Er hat als Sympathisanten immer noch das Publikum. Aber immer gilt: Es geht darum, leben und überleben zu können, gegen die Großen. Nicht heute, nicht morgen. Irgendwann! Und so sammeln wir vorerst Mitstreiter. Der kleine Dummling ist der wahre Held des Märchens. (Für Mädchen gilt, daß auch Aschenputtel die Jüngste ist. Also nicht verzweifeln, Mädels!) Märchen sind praktische Psychologie. Seelenkunde des Volkes. Aber ob Märchen auch wahr werden? Und wie!

Klassenclown als Profession

Warum dann nicht gleich Schauspieler werden, wo doch die Theologie durch meine schulischen Leistungen in ganz unerreichbare Ferne gerückt war. Mit Fünfen und Sechsen im Zeugnis werde ich nie Abitur machen können. Und die Engel im Lehrerkollegium erkannte ich nicht. Die Engel, die mich mit meinen -zig Fehlern und miesen Zeugnissen so oft sitzenbleiben ließen, wie es nur ging, aber dann doch auch so wenig wie möglich! Schwierige Rechnung bei dreizehn angesetzten Schuljahren? In der Summe war das dann bekanntlich drei Mal.

Was bleibt einem Jungen in der Pubertät bei dieser Bilanz sonst anderes übrig als Klassenclown. Klassenclown ist die Überlebensnische für Lebendige im Schulsystem. Und wenn ich nichts kann, kann ich immer noch den Clown spielen! Da liegt doch der Gedanke auf der Hand: Den Klassenclown könnte ich vielleicht einfach professionalisieren. Aus der Not, das Schulziel nicht erreichen zu können, wollte ich eine Tugend machen. Abschied mußte ich von dem Traum nehmen, Pfarrer zu werden. Und was dann kommen würde, war in meinen Augen nur eine Mittlere Reife. Aber Hauptsache, die Scheinwerfer blieben!

Aber der kleine Mensch denkt, und Gott lenkt. Oder soll ich doch Bert Brechts Schreibweise bevorzugen: Der »Fliege« denkt, Gott lenkt. Egal, solange das Ergebnis in Ordnung geht, bin ich einverstanden. Auf jeden Fall eröffnete ich der Schule am Ende des zehnten Schuljahrs, daß ich abgehen würde, und die Schule eröffnete mir, daß sie sich sehr darüber freue und als Abschiedsgeschenk hinsichtlich der Noten mit sich handeln ließe. Danke sehr! Ich will Schauspieler werden und melde mich zur Aufnahmeprüfung bei der Folkwangschule in Essen.

Ich lerne die drei Rollen fürs Vorsprechen, sehe am Tage X Hunderte von Schauspieleleven jeden Alters auf dem Weg ins Scheinwerferlicht, lerne hinter den Kulissen noch einmal meine Rolle, deklamiere, gestikuliere und vor allen Dingen friere, denn ich erfahre, daß man von mir wie von allen Prüflingen einen Monolog erwartet. Damit habe ich nicht gerechnet. Ich hatte an einen Dialog gedacht. Komisch! Kurz entschlossen ändere ich meinen Shakespeare und seinen Kaufmann von Venedig. Doch da muß ich mich wohl beim Shakespeare-Zusammenstreichen etwas übernommen haben. Kurz, die Damen und Herren von der Prüfungskommission, die im Dunklen hinter den Scheinwerfern sitzen, staunen, müssen dann aber passen. Meine Karriere als bedeutender Schauspieler, der eines Tages ganz groß rauskommen wird, ist schon beendet.

Der Gang nach Canossa

Als ich zurück in meine alte Schule mußte, in die selbe Klasse, zu den selben Lehrern mit einer quasi erschmuggelten Versetzung, war das wirklich schlimm. Doch der liebe Gott ist, weiß Gott, nicht knauserig mit seinen Mitteln, seine Leute durchs Leben zu bringen. Ich habe in meinem Leben noch manche Niederlage einstecken müssen. Sitzenbleiben ist nicht ohne. Eine Freudin zu verlieren kostet Tränen; Berufsverbot hinzunehmen ist auch nicht einfach; aus einer geliebten Kirchengemeinde herauskomplimentiert zu werden, hinterläßt Wunden. Und auf dem Arbeitsamt zu stehen, weil man per Fax von jetzt auf gleich gekündigt wurde, vergißt man auch nicht. Aber alle diese Niederlagen hatten einen Vorteil: Sie entpuppten sich immer wieder als Stufen des Lebens, die den einzigen Nachteil darin haben, daß der Himmel allein die ganze Treppe sieht, während wir Menschenkinder uns von Stufe zu Stufe hochtasten und immer wieder vor einer senkrechten Wand stehen. Aber einmal wieder vor die Wand gefahren, bedeutet, daß man irgendwo in neuer Umgebung neu anfangen konnte. Später ist mir das noch häufiger passiert. Doch für mich, hier und jetzt in meinem Gymnasium, ist es ein Gang nach Canossa. Es ist die Geschichte von einem, der auszog, die Bretterwelt zu erobern, und der jetzt mit einem einzigen Brett vor den Kopf geschlagen nach Hause zurückkehrt. Niederlagen auf der heimischen Schulbühne komplettieren das Ganze. Ich kann nicht einmal mehr »Freude, schöner Götterfunken« in der Aula feierlich vortragen. Ich bleibe dauernd stecken. So rot bin ich in meinem ganzen Leben nicht geworden. Lampenfieber total! Kein einziges Wort bekomme ich heraus. Sogar dem Direktor verschlägt es angesichts solcher Fehlleistung die Sprache. Er kann mir nicht helfen, und ich verdrücke mich von der hellen Bühne der Schulaula in ein dunkles Kino der Altstadt. Es gibt um 21 Uhr »Frühstück bei Tiffany« mit Audrey Hepburn. Der Film ist ab sechzehn Jahren freigegeben. Ich bin gespannt. Doch ich werde an diesem Tag zum zweitenmal enttäuscht.

Eigentlich Zeichen genug, daß aus dem Schauspielertraum nichts werden sollte. Mit einem Zaunpfahl lehrte Gott mich, bei meinen Leisten zu bleiben. Ich wollte wieder Theologie studieren.

Wie die Kirche mich abkanzelt

Meine Vorliebe für den Kabarettisten Hanns Dieter Hüsch schlägt auch in meiner Predigt durch, die ich zum Examen abliefern muß. Es darf gelacht und geschmunzelt werden, weil der Humor und das Gelächter für mich immer ein Zeichen des Himmels darstellen. Wie eine unendliche Pointe stelle ich ihn mir vor. Wenn ich hier auf der Erde immer nur dramatisch die Züge aufeinander zurasen sehe, will ich irgendwann einmal die Auflösung mitkriegen. Und ich gebe mich nur mit der zufrieden, die mich lachen läßt. Es gibt nichts Befreienderes als Gelächter. Warum nicht so auch predigen?

Kennen Sie den: Ein katholischer Pfarrer, ein evangelischer Pfarrer und ein Rabbi unterhalten sich, wann das Leben anfängt. Mit der Zeugung, mit der Geburt oder wie oder wann? So und so ähnlich wurden in alten Zeiten die Predigten in der Osterzeit begonnen. Mit Witze erzählen! Mit Witze reißen von der Kanzel! Warum? Weil die Erinnerung an Karfreitag und die Kreuzigung Jesu so brutal ist, daß das kein Mensch erträgt. Menschen foltern, Wahnsinn durchleben, wie soll man das aushalten, wenn nicht mit einer Portion Galgenhumor. Oder kennen Sie eine andere Erklärung, warum Chirurgen mitten in den entscheidenden Minuten über Tod und Leben Witze reißen? Katastrophen werden durch Witz erst erträglich. Sozusagen ein Zeichen dafür, daß am Ende alles gut wird. Wie sich eben beim Witz am Ende alles in Wohlgefallen auflöst. Lachen als Hilfe gegen die Nähe des grausamen Todes!

Und so träume ich davon, daß wir irgendwann hier oder in der anderen Wirklichkeit auf alle Katastrophen unseres Lebens irgendwann lächelnd zurückschauen können und sich alles in Wohlgefallen auflöst.

Also zwei Pfarrer, einer katholisch, einer evangelisch, und ein Rabbi, ein jüdischer Geistlicher, unterhalten sich, wann das Leben beginnt. Sagt der katholische: bei der

Zeugung! Sagt der evangelische: Quatsch! Bei der Geburt! Sagt der Rabbi: beides Quatsch! Wenn die Kinder aus dem Haus sind, dann beginnt das Leben!

Als ich versuche, in meiner Examenspredigt mit ein wenig Schmunzeln und Gelächter der monotonen Grabesstille der Kirche etwas entgegenzuhalten, quittiert mein Bischof dies mit einer »Sechs« als Note. Ich bin ihm ungenügend! Es ist die einzige Sechs, die meine uralte Kirche jemals einem ihrer Kandidaten verordnet hat. Und sie war von oben verordnet worden. Und es war die einzige Möglichkeit, um mir den Zugang zum Pfarramt zu verwehren. Vielleicht ahnte mein Bischof von damals, daß es bei mir was zu lachen geben würde. Aber vielleicht muß ich erst dahin gehen, wo die Menschen nichts zu lachen haben, statt dahin, wo sie einfach nicht lachen wollen?

Karriere über die Feuerleiter

Ein Prophet gilt einfach nichts im eigenen Land. Als Jesus zurück in seine Heimatstadt Nazareth kam und die Leute zusammenliefen, um von ihm irgendein Kunststück mitzukriegen, wurden sie von ihm bitter enttäuscht. Im eigenen Land machte der berühmte Prophet nur Worte. Nichts als Worte! Und auch diese Worte las er zu allem Überfluß noch in der Bibel bei Jesaja ab.

Besser als er ist niemand. Doch für alle gilt die Regel, daß man um so weniger gilt, je näher man an seinem Zuhause bleibt, und um so mehr, je weiter man alles, was prägte, hinter sich läßt. Vielleicht wurde ich auch nur deshalb für viele Menschen hilfreich, weil ich Schritt für Schritt die Stufen der normalen kirchlichen Karriereleiter verlassen mußte.

Ich bin Vikar in Düsseldorf und soll auf einmal viele tausend junge Menschen auf einem Kirchentag begeistern. 20 000 Menschen sitzen, liegen und stehen da vor mir, Kinder, Eltern, alte Menschen. Ich hatte weit weg von der Universität mein spirituelles Handwerkszeug gesammelt: Geschichten erzählen, singen, beten und verstehen, Zeremonien inszenieren. Das ist es. Mehr nicht. Und dabei war ich nicht im kirchlichen Jargon gefangen gehalten worden. Und ein Fernsehteam des WDR drehte irgendwann mit, als ich auf einem der vielen Kirchentage mein Kindermusical »Kurs Gottes Erde« moderierte. Jahre später hievt mich der mittlerweile zum Fernsehfunktionär der Evangelischen Kirche in Deutschland aufgestiegene Filmemacher von damals bei den neuen privaten Fernsehsendern vor die Kamera.

In der Kirche konnte man auf der Karriereleiter höchstens bis zur Kanzel aufsteigen. Und auch Prälaten und Bischöfe rühmen sich kokett damit, daß sie am Ende ja auch nur Pfarrer und Pastoren seien und mehr nicht. Die Kanzel stellt also das Höchste dar, was man als Geistlicher erreichen könnte. Prälat aber wollte ich jetzt nicht mehr werden. Und Bischof würde ich nie werden können, weil man dazu von einer, seit Generationen kirchlich eingefärbten Mehrheit gewählt werden muß. Da blieb für mich zum Aufstieg nach irgendwo nur der Ausstieg aus der kirchlichen Hierarchie über die Feuertreppe des Fernsehens. Ich wollte kein Kirchentheologe werden. Ich wollte immer schon Straßentheologe sein.

»Auf Lachen folgt Weinen!« Damit hat nicht nur meine Mutter versucht, jede überschäumende Lebensfreude im Keime zu ersticken. Das war Volksgut auf magischem Hintergrund. Da ist sie wieder, die Magie des Alltags, die ganz versteckt an die bösen Geister glaubt, die von der Lebensfreude abgezogen werden wie die Motten vom Licht. Da ist ja was Wahres dran und wird von jedem Künstler bestätigt, dem man über seine rechte Schulter spuckt und nach dreimaligem leisem »toi toi toi« auf die Bühne entläßt. Denn, wenn er jetzt den ganzen Glanz auf sich zieht, müssen die bösen Geister in seinem Rücken auch etwas abbekommen. Also gibt man kurz dem Toi-Toi-»Toifel« als Tribut, was des Teufels ist: Spucke, damit auch auf der Bühne auf Lachen nicht Weinen folgt. Da ist was Wahres dran. Aber wenn da schon was dran ist, warum hat meine Mutter nicht ebenso gesagt: Auf Weinen folgt genausogut Lachen? Ich wäre etwas gelassener vom Bischof gefeuert worden. Ich hätte während dieser Zeit meines Berufsverbotes etwas gelassener einen 38 Tonnen-LKW plus Anhänger immer wieder über den Mont Blanc nach Italien kutschiert. Und ich wäre schon abgeklärter nach einem Jahr Wartezeit Vikar in Düsseldorf geworden. Und als ich zwei Jahre später in Essen die erste Pfarrstelle nicht bekam, sondern nach einem guten Jahr Probezeit unter großem Tamtam wieder rausgeworfen wurde, hätte ich unter meinen bitteren Tränen der Enttäuschung schon gern gesagt: Auf Weinen folgt Lachen. Aber es hat mir keiner gesagt. Obwohl genau das im Buch der Bücher steht. Da liest man, daß der Herr des Lebens meine Tränen trocknen und meinen Mund wieder lachend machen würde. Und meine Klage würde er in einen Tanz verwandeln. Der Herr des Lebens lehrte eben anders als meine Mutter und die Künstler. Er lehrt: »Wer zuletzt lacht, hat das Weinen hinter sich.« Er lehrt, daß vor dem Aufstieg der Abstieg kommt. Das murmelt man jeden Sonntag im Glaubensbekenntnis vor sich hin und hat sich doch nicht damit vertraut gemacht.

Pfarramt Aldenhoven

Der Abstieg

Die Kanzel war aus schwarzem Kunstmarmor. Die kleine evangelische Kirche von Aldenhoven, einer ebenfalls kleinen Bergarbeitergemeinde im Aachener Kohlenrevier, war erst in den fünfziger Jahren errichtet worden. Von überall her waren damals Männer gekommen, um hier nach dem Krieg Arbeit und Brot zu verdienen. Und oft dauerte es Monate und Jahre, bis ihre Familien nachkommen konnten. Und so war mitten in einem katholischen Marien-Wallfahrtsort auf einmal eine kleine evangelische Gemeinde entstanden, die die religiösen Traditionen aus allen deutschen Landen bunt würfelte. Der eine war fromm, und der andere konnte mit Pfaffen und Kanzelschwalben nichts anfangen. Der dritte wollte nur, daß sich jemand um die zahlreichen Kinder kümmerte. Doch daß man mehr als Glück haben muß, um es zu überleben, das braucht man einem Bergmann und seiner Familie nicht zu predigen. Das erfahren die jeden Tag selber, wenn der Vater wieder tausend Meter tief in den Berg fährt. Und wenn sie sich grüßen mit »Glück auf!«, schwingt das Wissen und die Erfahrung mit, daß es eine andere Macht gibt, die alles in den Händen hält.

Ob man es nun etwas anonym Glück oder Unglück nennt oder Gott und Schicksal, der Bergmann weiß, daß er ein abhängiges Leben führt. Bergleute sind von sich aus fromm. Erfahrung macht frömmer als Predigen. Deshalb nahm Jesus wohl auch als erste Schüler Männer in seine Runde auf, die als Fischer und Seeleute wußten, wie auf Gedeih und Verderb abhängig ein Menschenleben ist. Die Elemente, der Berg, die Natur sind die wahren Lehrer über die Größe und die Möglichkeiten des Menschen. Und so dauerte es in Aldenhoven nicht lange, und die evangelischen Menschen brauchten auch eine Kirche mit richtigem Altar und Kanzel und Nierentischarchitektur aus schwarzem Kunststeinmarmor.

Keiner konnte damals ahnen, daß eines Tages ein junger Pfarrer mit langen Haaren ins Dorf kommen würde, der Kanzel und Altar mit ihrer Genehmigung einfach wieder abreißen ließ. Denn ich entdeckte zuerst für mich und dann für meine Gemeinde, daß beide, Altar und Kanzel, das Leben und Zusammenwachsen der Gemeinde nicht förderten, sondern behinderten. Beides war zu kalt. Und so wurde der Altar durch einen selbstgezimmerten einfachen Eichenholztisch ersetzt und die Kanzel sogar ganz abgeschafft. Denn jede Rede und jede Predigt lebt auch von dem Ort, wo sie gehalten wird. Im Bett redet man anders als auf der Straße. Und jeder Ort hat einen eigenen Geist, der die Rede prägt. Und so beschloß der Kirchenvorstand, in dieser Kirche aus den fünfziger Jahren die Kanzel abzureißen. Ich wollte, wenn ich lehrte, durch die Reihen der Kirchenbänke gehen. Und wenn ich aus der Tiefe und Stille des Herzens heraus redete, wollte ich still und gesammelt auf den Stufen sitzen. Und wenn ich die Menschen ansprechen, an sie appellieren und sie mahnen und ermahnen wollte, dann wollte ich mich nicht hinter der steinernen Barriere einer Marmorkanzel verstecken. Genau dann wollte ich ganz zu sehen und zu spüren sein. Ich wollte keine Theke beim Verkauf, wo ich doch nur einen Bauchladen hatte. Ich wollte für die Menschen mit Leib und Seele dasein und nicht nur mit meiner Stimme.

So stieg ich eigentlich schon von der Kanzel, als ich noch in der kleinen Kirche predigte. Und wer mich heute im Studio auf den Stufen und zu Füßen meiner Gäste sitzen sieht, weiß jetzt, warum ich dort sitze und wo ich das gelernt und erspürt habe. Es ist der Ort, den ich auf den Altarstufen entdeckte, wo ich aus der Tiefe heraus hören und reden will und niemand zu mir heraufblicken soll, der mir seine Geschichte erzählt. Später und am Start meiner Fernseharbeit wurde ich an einem alles entscheidenden Nachmittag von einer alles entscheidenden Frau genau auf diese zuhörende Position zu ihren Füßen festgelegt.

Von der Kanzel runter vor die Fernsehkameras zu gehen, bedeutet aus der Sicht der Kanzelredner und Pfarrer offensichtlich immer einen Abstieg. Verständlich! Es sind mindestens gleich ein paar Stufen. Denn der mittelalterliche, ganz banale Grund, aus akustischen und optischen Gründen die Kanzelredner in unseren Kirchen ein paar Stufen über die übrigen Menschen zu stellen, hat sich im Lauf der Jahrhunderte offenbar ganz schön im Bewußtsein der Gottesmänner eingenistet. Ein wahrer Gottesmann steht über den niederen Dingen und über dem gemeinen Volk. Und das Niedere war das Materielle und das »Fleisch«. Das Materielle hat sie immer schon abgestoßen. Das Sein formt eben doch das Bewußtsein. Die Geistlichen sind ihrem himmlischen Herrn nicht gern gefolgt, dessen Ziel doch immer die Erde war, die Erde, die Liebe und der Mensch. Es steckt immer noch der alte babylonische Irrtum in ihnen, daß man durch ein paar selbstgebaute Stufen, Pyramiden und Türme dem Himmel näher sei als auf der Erde. Hochwürden fühlt sich oft genug auch ein paar Stufen erhabener und über den Menschen stehend. Nur, die Herren und mittlerweile auch Damen geben es nicht so gerne zu. Das heißt, sie dürfen es auch nicht, weil sie ja von morgens bis abends das genau Umgekehrte predigen. Sie sagen, sie seien sogar Diener der Menschen und Diener der Erde, und waschen dann einmal pro Jahr am Gründonnerstag einem Lieschen Müller in Rom die Füße. Einmal pro Jahr Füße waschen reicht offenbar. Meine Mutter würde denen was erzählen! Es ist eben nicht mehr geistliche Mode, eines anderen Menschen Diener zu sein, seinen Dreck wegzumachen und seine Angst zu riechen und ihn neu zu betten. Dienen bedeutet immer Abstieg.

Und vor ein paar Jahren noch waren die schwarzen Gottesmänner auch auf der sozialen Treppe gesellschaftlichen Ansehens eindeutig führend. Sie waren top. Sie waren Gottes Bodenpersonal. Sie waren es noch vor den Halbgöttern in Weiß, den Ärzten. Und ganz am Ende im Ansehen des Volkes stand und steht der Journalist, der Reporter. Er wird offenbar im ewigen Kreislauf des

Lebens, Fressen und Gefressenwerdens, eher den Aasgeiern gleichgesetzt. Aasgeier, die im Auftrag des Herrn überall herumsuchen müssen, um irgend etwas Krankes, Behindertes, Verrücktes, Verfaultes und Verlorenes zu finden und es der hungernden Öffentlichkeit zum Fraß hinzuwerfen.

Was für ein Unterschied zwischen den beiden Berufen! Einmal der Hirte, der das Verlorene suchen soll, um es zur Herde zurückzubringen, damit es dort gewärmt, geliebt und geheilt wird, und dann der Blut- und Quotenjournalist, der mit dem Untergang der Menschen sein Geld verdient! Und ausgerechnet da will ich hin? Ja, da will ich hin. Gar nicht einmal, weil ich unzufrieden bin mit meinem Pfarrerjob. Umgekehrt! Pfarrer sein ist und bleibt meine Berufung. Und es ist und bleibt für mich der interessanteste Beruf der Welt. Nur kommt es in diesen Tagen darauf an, wieder zu den Menschen zu gehen, die an der Notwendigkeit von Religion, Kirche, Pfarrer erheblich zweifeln und sich von alldem verabschiedet haben. Statt dessen sind sie unter die Journaille geraten. Sie sitzen heute eben nicht mehr auf harten Kirchenbänken, sondern auf weichen Ledersofas von Ikea zu Hause vor der Mattscheibe und vermehren sich in ihrem blauen Widerschein als Single. Da will ich hin. Da muß ich hin. Da gehöre ich jetzt hin. Es ist, als ob man in seinen Beruf doch hineingerufen wird. Die Klugheit der Sprache legt es offen. Und wo sonst soll man die Stimme hören und womit als mit seinem Herzen: »Komm und folge deinem Herzen!«

Pfarrer sind auch nur Schauspieler

Die Bodenbretter im alten Vereinshaus in meiner Geburtstadt Radevormwald glänzten von frischem Öl. An langen Tischen saßen die Eltern, Freunde, Verwandte, die ganze Vereinsfamilie des Christlichen Vereins Junger Männer, CVJM. Oben auf der Bühne hinter dem Vorhang war die Kulisse eines Laienspiels aufgebaut. Und ich fieberte mit meinen zehn Jahren hinter den Kulissen meinem ersten Auftritt entgegen. Es wurde »Dr. Allwissend« gegeben. Und ich spürte zum erstenmal das, was man Lampenfieber nennt, die Mischung aus Angst und Sehnsucht.

Was haben Schauspieler und Pfarrer gemeinsam, außer daß sie im Rampenlicht ihr Brot verdienen wollen? Nun, sie halten für andere und sicher auch für sich selbst ein großes Repertoire an Erfahrung, Geschichten und Rollen zur Verfügung, mit dem Leben fertig zu werden. Und beiden reicht es nicht, es nur zu zitieren; sie stehen mit Leib und Seele dazu. Sie zelebrieren gemeinsam eine mehr oder minder alte Zeremonie, die mit und ohne Gelächter Einblick in die Tiefen und Untiefen des Lebens gibt. Sie halten ihrer Gemeinde und dem Publikum Rollen als Mantel hin, damit der eine oder die andere hineinschlüpfen kann. »Hier, mein Freund, nimm die Geschichte. Schau doch, du kommst drin vor und bist nicht allein mit deiner Sicht der Dinge und deinem Leiden an der Welt. Es gab andere, und die haben hier diese Lösung dafür gefunden. Ich stelle sie dir vor und dar.« Die Sonne soll dem Publikum wie der Gemeinde aufgehen, und Orientierung kommt von Orient.

Um dies mit innerer Kraft zu tun, und sich als Schauspieler und Pfarrer den Mantel nicht nur anzuziehen, sondern zur zweiten Haut werden zu lassen, ist es nötig, die Rolle auch im eigenen Herzen und in der eigenen Lebenserfahrung zu finden. Du mußt bereit sein, dich auf die Couch zu legen. Du mußt bereit sein für schreckliche Wahrheiten in dir. Es gibt in jedem von uns ein Stück Mephisto, einen Faust und einen Engel, einen Kain und einen Abel, einen Mörder und ein Opfer, Vater, Mutter und Kind. Soweit sind alle Pfarrer auch Schauspieler, die gut daran tun, sich mit Adam und Eva zu identifizieren und sogar das Gefühl zu haben, an Gottes Stelle stehen zu müssen, wenn sie von ihm oder wie er erzählen. Verrückt, vermessen und doch die einzige unmögliche Möglichkeit.

Der aufkommende moderne Skrupel, doch heute auf dem Spielplan im Gottesdienst weder Gott noch Teufel geben zu können und sich quasi dafür zu entschuldigen, ganz allein auf der Kanzel zu stehen, zu lachen oder zu weinen, zu singen und zu tanzen, tut der Wirkung der heilsamen Zeremonie ziemlichen Abbruch. Das ist ein Lohnprediger! Das fühlen die Leute mehr, als sie es sagen. Man glaubt ihm kein Wort mehr, weil er es offenbar selber nicht glaubt. Man spürt so gar nichts. Warum lernt man als Geistlicher nicht an dieser Stelle auch von den Schauspielern? Von denen würde doch niemand an die Rampe der Bühne treten, um sich dafür zu entschuldigen, daß man da im Fummel oder gar nackt steht, immer aber als Zeuge einer Wahrheit. Wie soll denn der Funke von der Kanzel springen, wenn er gar nicht da hinauf geschleppt wird? Kann ein Entmutigter andere ermutigen?

Darum ist es auch kein Wunder, daß sich der Geistliche im tiefsten Herzen vor einem vollen Haus fürchtet. »Die ganze Gemeinde ist herzlich eingeladen!« ist schon gelogen. Einmal hat er gar nicht den Platz für die ganze Gemeinde, und dann hat er es auch nicht nötig. Sein Kulturbetrieb wird voll gesponsert. Und zu allem Überfluß fürchtet er sich in der Regel vor der Menge des gemeinen Volkes. Es stört ihn auf in seiner Menschenfurcht, und er läßt es auch bei jeder passenden und unpassenden Gelegenheit erkennen. Er schimpft zu Weihnachten eher über sogenannte »U-Boot-Christen«, die nur einmal im Jahr auftauchen, als daß er wie ein guter Gastgeber seine seltenen Gäste von vorne bis hinten bedient. Schließlich ist einmal mehr als Keinmal? Und der Himmel ist voll Freude über ein verlorenes Schaf, das den Weg zu den anderen findet. Der Himmel schon, aber nicht die Kanzel!

Und so bleibt ihm auch das Wissen und die Erfahrung der Schauspieler verborgen, daß das Publikum, die Gemeinde, als Versammlung von Menschen über eine erhebende, meinetwegen heilende Kraft verfügt. Der Schauspieler weiß noch, daß Applaus ihn tragen kann wie auf Schwingen, weit über seine normalen Fähigkeiten, weit über seine Alltagsgrenze hinaus. Und er rechnet beflügelt mit dem Publikum, und siehe, er fliegt. Wir sind alle Engel mit nur einem Flügel. Aber wenn wir uns umarmen, können wir fliegen. Der Pfarrer aber mit seinen leeren Bänken ist voller Absturzerfahrung. Seine Institution muß viel Federn lassen. Und siehe, er stürzt. Eine

Ansammlung von Menschen ist eben mehr als nur die Zahl ihrer Mitglieder.

Pay now, pray later

Gerade frisch verheiratet war ich mit meiner Frau in Kalifornien. In einem Motel zappten wir uns müde durch die verschiedenen Fernsehkanäle. Fasziniert blieb ich bei den amerikanischen Fernsehpredigern hängen. Nicht daß mich ihre aufdringliche fundamentalistische »Botschaft« fesselte. Die fand ich wie schon in meiner frömmelnden bergischen Heimat mehr als peinlich. »Jesus loves you, Jesus liebt dich, und du brauchst Jesus!« empfinde ich nach wie vor als Unterstellung und Einmischung in das Leben eines anderen Menschen. Es ist eine Form religiöser Unzucht. Ich habe immer das Gefühl, jemand interessiert sich ungefragt für die intimsten Dinge meines Lebens. Es gibt eben auch religiösen Mißbrauch. Was mich aber da im Fernsehen faszinierte, war das Handwerk der Fernsehprediger und daß es offenbar so etwas wie eine Kommunikation gibt zwischen Fernsehmachern vor der Kamera und Fernsehkonsumenten zu Hause. Da fand geradezu ein Geschäft statt. Es gab wohl ein Geben und Nehmen. Bücher und Traktate, Abziehbilder und Anstecker wurden verkauft, und es bildete sich wohl so etwas wie eine Gemeinde. Es war wie eine Drive-in-Kirche im Wohnzimmer. Du siehst das Angebot, telefonierst und bekommst die Ware nach Bezahlung. Ich sah die Tele-Mc-Donald's der Religion!

Mc Donald's hat ja in Amerika viele Jahre in den Startblöcken gehockt, um dann rund um die Welt und auch bei uns zum Siegeszug anzutreten. Und es ist eine Missionsreise ohne Beispiel. Und so wundert es mich gar nicht, daß ich Befürchtungen begegne, daß mit dem »Pfarrer-Talk, Fliege« im Fernsehen wie die Bild-Zeitung nun beharrlich schreibt, diese amerikanische Unsitte der TV-Prediger wie die Hamburger über uns kommt. Es gibt dort in der Tat Fernsehgeistliche, die einen täglichen Brei aus Gefühl, softer Musik, Reue und honigsüßer Liebe anrühren, der dann nichts anderes ist als Hamburger für die Seele. Da sei Gott vor! Zum einen, weil mich nichts mehr anwidert als Moralisieren und das Gefühl, irgend jemand auf der Welt macht sich ungefragt Sorgen um mich, ohne mich zu kennen. Die Nackenhaare standen mir hoch, als ich in dem Motel in Los Angeles durch die TV-Kanäle zappte und immer wieder auf diese Soße stieß. Ich habe zu oft erlebt, daß jemand meinte zu wissen, was mir guttäte, ohne mich zu fragen. So möchte ich nicht mit anderen Menschen umgehen, und ich will nicht, daß es jemand mit mir macht. Deshalb sind auch amerikanische Fernsehprediger nicht für mich faßbar.

Mutters Tod auf Video

Fernsehen ist böse. Und Fernsehen selber machen erst recht. Da ist ja was Wahres dran. Wenn Gemeindemitglieder vor ihren Taufen und Hochzeiten, Konfirmationen, goldenen Hochzeiten und Jubiläen mit der Bitte zu mir kamen, in der Kirche zu filmen, habe ich immer »ja«

gesagt. Schließlich ist die Foto- und Videogesellschaft nur die neueste Form einer alten Ikonenfrömmigkeit. Man braucht ein Bild, um sich erinnern zu können. Und Erinnerung ist immer auch eine Reise in das eigene Innere. Das weiß nicht nur unsere Sprache. Nur wenn die Zeit da ist, sich im Rahmen der Familie die alten Fotos anzuschauen und die Vergangenheit vor einem inneren und äußeren Auge Revue passieren zu lassen, kommt so etwas wie ein Gefühl auf, daß das Leben auch gern einen Überblick hätte. Fotoalben und Videos sind die letzten Ikonen der eigenen heiligen Familie.

Aber wann geht das Filmen und Fotografieren zu weit? Ich hatte darauf eine Antwort: Einmal bat ich darum, nicht zu filmen, wenn ich betete. Ich wollte nicht abgelenkt werden, wenn ich all meine Energie brauchte, um vor diesen Menschen um Hilfe zu rufen. Aber es gibt auch eine zweite Regel, wo Fernsehen stört, wenn das Erleben der Wirklichkeit wichtiger ist als alle Filme und Erinnerung. »Filmen Sie ruhig alles. Aber fragen Sie sich, ob Sie auch mit der Videokamera vor dem offenen Grab Ihrer Mutter stehen, um mit der anderen freien Hand Erde auf den Sarg zu werfen.« Erde zu Erde, Asche zu Asche, Staub zu Staub! Stop! Batteriewechsel!

Diese Fernsehmaschinerie scheint ohne jede Kultur und der Umgang mit ihr erst recht! Aber der Poet Wolf Biermann hat herausgekriegt, daß nicht die Kanonen die Menschen bedrohen, sondern die Menschen hinter den Kanonen die Menschen vor den Kanonen bedrohen. »Es ist ja der Mensch, der den Menschen bedroht!« Es ist nicht das Fernsehen, es ist nicht die Elektronik, es ist ja der Mensch, der Fernsehen macht, der den Menschen bedroht.

Und die Gallier wollten von Cäsar auch nicht das Lesen und Schreiben beigebracht bekommen, weil sie dann ihr eigene Geschichte nicht mehr im Herzen, sondern nur in Büchern aufbewahren würden. Und die Gallier ahnten wohl, daß das ein schlechter Handel war: Die Fähigkeit, lesen und schreiben zu können, würden sie bekommen. Und die Fähigkeit, ihre Identität zu pflegen und zu bewahren, würden sie verlieren. Auf gälisch: Sie würden ihre Lieder verlieren und ihre Balladen, ihre Gedichte und ihre im Herzen abgespeicherte Geschichte. Sie würden Verstand bekommen und mit dem Herzen zahlen. Gegen den mächtigen Strom der Zeit und den Strom der Mächtigen kommt man nur mit einem Zaubertrank an. Doch allen Kulturpessimisten zum Trost ist knapp zweitausend Jahre später aus dem wild unkultivierten durcheinanderlaufenden Goldtreck in den wilden Westen nach Jahrzehnten auch ein ordentliches Kalifornien geworden.

Ich ziehe mit der Medienkarawane und lese später als Ermutigung auch »Schindlers Liste«. Ich will nicht allein sein, wenn ich auf einen elektronischen »Terrorzug« steige, um ihn möglicherweise zu verändern. Ich will nicht ohne Vorbilder sein, wenn ich mit einem Instrument, das Menschen separiert, Menschen zusammenführen will. Wie kann ich genau dort glaubhaft mein Bekenntnis sagen: Es wird alles gut! Wie soll das funktionieren, wenn doch in jeder Tagesschau die Welt untergeht?

Missionsneger sind heute weiß

Am Niederrhein im Jülicher Land, wo meine Kirchengemeinde Aldenhoven liegt, hängen keine Bilder in den evangelischen Kirchen. Nicht einmal Kerzen sind erlaubt. Calvin, der strenge schweizerische Reformator, würde sich bis in unsere Tage hinein freuen, wie Gott dort ohne jedes Bildnis noch Gleichnis verehrt wird. Kahle weiße Wände und darin klarste und reinste Gedanken, das ist der schwierigste Weg von Entrückung und Ekstase, die man sich vorstellen kann. Es gibt eben auch Ikonen der Klarheit, die sind weiß wie die Wand. Und genau aus dieser Ecke Deutschlands und der Kirche will einer Fernsehen, Bilder und Videos machen? Ich stehe einer kopfschüttelnden Kollegenschaft gegenüber. Da muß ich mir was einfallen lassen.

Und dann ist Deutschland doch, erwidere ich in kirchlichen Kreisen, Missionsland Nummer eins! Ganz Afrika glaubt an Gott. An welchen auch immer. Ganz Lateinamerika schreit und tanzt für Gott und die Götter. Und nirgendwo ist man frömmer als in Indonesien. Und auf der anderen Seite der Weltkugel, bei uns und nur bei uns ist man so heidnisch wie nirgendwo sonst, arrogant und ignorant, was die Religiosität und Spiritualität eines Menschen angeht. Wenn vor einem knappen Jahrhundert noch Hunderte von Missionaren sogar ihr Leben riskierten, um in unbekannten, furchteinflößenden Kontinenten ihr engagiertes Leben zu leben, dann werde ich doch wohl noch zu den Schreiberlingen und Reality-TV-Fuzzys um die Ecke gehen dürfen, um ausschließlich meinen (guten) Ruf aufs Spiel zu setzen?

Vielleicht aber kann man an der modernen Medienfront sogar etwas Wichtiges für die alte Kirche lernen. Denn wenn einer eine Reise macht, dann kann er später was erzählen. So wie heutzutage die Lebenskraft und Lebenshilfe der Religion auch nicht mehr als Kulturgut exportiert wird, sondern importiert werden muß. Aus allen Erdteilen kommt sie zu uns zurück, schwarz, gelb und rot. Als wenn der liebe, alte Vatergott für schlechtere Zeiten wie einst Josef in Ägypten irgendwo in der »dritten Welt« einen Vorrat an Religion für sieben magere Jahre und Jahrzehnte angelegt hätte, den er jetzt nach Mitteleuropa zurückschickt. Aus Asien kommt der tiefe Gleichmut und die Harmonie des Buddhismus in unsere dicker gewordenen Bäuche des Mittelstands. Aus Afrika kommt der ekstatische Rhythmus der Trommeln auf der Reise zu den Geistern zu unseren unruhigen Kindern. Und aus Amerika und Lateinamerika kommt nicht nur die Heilkunst der Indianer in die nicht mehr ganz junge Szene.

Der WDR klopft an

Viele Wege führen nach Rom. Und wenn Gott will, noch viele mehr ins Fernsehen. Aber noch nicht für mich. Noch gibt es genug zu tun in der Provinz.

Das St.-Martins-Fest meiner Gemeinde in Aldenhoven muß auf neue Füße gestellt werden. Wichtige Heilige kann auch die Evangelische Kirche nicht einfach verstauben lassen. Dabei geht es mir immer darum, die grauen Vorzeiten der Kirche und ihre Geschichte lebendig werden zu lassen. Auf der Bühne verliert die Geschichte ihren Staub. Gleichzeitigkeit will ich herstellen. Wenn der heilige Martin von Tour seinen Soldatenmantel teilte, um Bettlern zu helfen und Frieden zu finden, dann machen wir das wortwörtlich nach. Mal sehen, was passiert, wenn wir viele, viele Mäntel sammeln, Kleider, Wäsche, alles, was wir haben. Und die Erwachsenen spielen im Dorf die Geschichte der Menschen aus dem römisch besetzten Tour nach. Und der Gutsbesitzer darf auf Bitten und mit Erlaubnis der »hohen Geistlichkeit« auf sein noch höheres Roß steigen. Der Bäcker mimt den Bettler, weil er eine heimliche Liebe zu Franz von Assisi hat, und das Volk spielt wieder Volk. Die Hauptschule stellt die römischen Soldaten. Und ein ganzes Dorf ist auf den Beinen: Oberammergau im Braunkohleloch!

Das kriegt auch der nahe WDR in Köln mit und ist mit Kameras und Scheinwerfern live dabei. »Hier und Heute« heißt die Sendung und könnte doch als Motto über meiner ganzen Pfarramtsarbeit stehen. Ich brauche keinen Gott, der mir erst im Jenseits hilft. Ich kann nicht warten. Hier und heute muß sich die Gemeinschaft der Kirche bewähren.

Spät am Abend sitzen wir noch im Pfarrhaus zusammen, das Fernsehteam und der Pfarrer, leeren ein paar Flaschen und sind uns einig. Wir werden mehr solches Fernsehen machen. Der WDR lädt ein, nach Köln zu kommen.

Jahre später, als ich beim Bayrischen Rundfunk in der ARD meine tägliche Talk-Show bekommen habe, kommt von diesen Mitarbeitern des WDR ein begeisterter Glückwunsch ohne jede Eifersucht. Selten genug im eitelsten Geschäft.

»Wort zum Sonntag«

Endlich! Endlich merken die Fernsehgewaltigen der Evangelischen Kirche in Deutschland, daß es in der Zukkerrübensteppe zwischen Köln, Düsseldorf und Aachen einen Typen gibt, der doch wie geschaffen ist, Kirche und Religion auf den Bildschirm zu bringen. Der Typ bin ich. Ich bekomme eine Einladung zu einem »Workshop, Wort zum Sonntag«. Mit mir sind gut zehn andere hoffnungsvolle Pfarrerinnen und Pfarrer nach Düsseldorf ins Kirchenstudio gekommen, um erste Erfahrungen mit dem unbestechlichen Einauge der Kamera zu machen. »Casting« nennt man das in der Film- und Fernsehbranche, denn man sucht nach neuen Gesichtern für den Samstagabend zwischen Show und Nachtgebet.

Wer wird es werden? Alle wollen es werden. Der gütige Propst aus dem Norden, der Randgruppen-Pfarrer aus Köln und auch der Typ »reine unschuldige Magd« aus dem Hannoverschen. Doch eines wird beim ersten Durchgang schon klar: Derjenige, der ohne Kamera gut reden kann, kommt noch lange nicht »rüber«, wenn das rote Licht aufleuchtet und der Adrenalinspiegel in die Höhe getrieben wird. Es gibt eben einen Unterschied zwischen der Realität und der abgefilmten Realität. Es reicht nicht, daß man Kamera und Scheinwerfer liebt, die Kamera muß auch umgekehrt ihr Objekt, ihr Opfer lieben, dann könnte was daraus werden.

Bei mir wird nichts daraus. Ich bin eben nicht die reine Magd und der gütig pfeifenrauchende Probst mit Ostsee hinterm Haus. Zu frech, so provokant, zu anders! Besonders meine Sprache, mein Outfit! »Sogar das blaue Studio will er verlassen.« Man rauft sich in den Redaktionsstuben die Haare. »Hinter dem Schreibtisch will er weg, Utensilien und Symbole braucht er. Und daß er nicht wie Prof. Grzimek jeweils mit einem Esel an der Seite sein Wort zum Sonntag sprechen will, ist alles.« Mittlerweile, fünfzehn Jahre später, ist das alles Schnee von gestern. Der Kollege aus Kassel triumphiert mit einem Loriot-Hund auf dem Sofa, die Pfarrerin aus Magdeburg meidet das Studio wie der Teufel das Weihwasser. Und vor Symbolik wimmelt es nur so. Doch damals werde ich freundlich, aber bestimmt durchs Sieb fallen gelassen. Zurück in die Provinz! Bis heute; denn auf die leise aktuelle Überlegung der kirchlichen Gremien, wenigstens heute dem »Fliege« das hohe Gut des »Wortes zum Sonntag« anzuvertrauen, bekommt die Mehrheit in den zuständigen Gremien wie gewohnt eine Gänsehaut. Und ihr Daumen geht nach unten.

Die beiden großen Kirchen suchen ihre Köpfe für das »Wort zum Sonntag« auf die meiner Meinung nach untauglichste Art und Weise aus, die man sich nur vorstellen kann. Maßstab, ob man zu den Auserwählten gehört, ist nämlich nicht die Fähigkeit des einzelnen Kandidaten, sondern meistens geht es um etwas ganz anderes. Wo kommt das neue Gesicht her, aus Bayern oder aus Holstein? Ostsee oder Chiemsee? Haben wir schon einen aus Bayern, dann fällt der Neue aus den Bergen flach. Und dann: Ist er ein Mann oder eine Frau? Ist er eher dem kirchenpolitisch rechten Spektrum zuzurechnen, oder ist er rot und links oder liberal oder gar alles und damit unberechenbar? Und Schwule kommen erst gar nicht in Frage.

Kurz, die evangelische Kirche sucht nach dem rechten Proporz und beschließt nach Jahren des Suchens: Am besten kommt aus jedem Dorf ein Hund. Ob er nun bellen kann oder nicht, Hauptsache Sachse! Längst vor der Quotenfrau gab es den Quotenchristen beim »Wort zum Sonntag«.

In dieser Frage sind die katholischen Fernsehmacher nicht viel besser. Bei ihnen rollt auch das fränkische »r« und gestolpert wird über norddeutsche Steine. Aber eine bewährte Isa Vermehren, so klug sind sie allemal, geben sie nicht dem Proporz zum Verzehr frei. Der evangelische Pfarrer Jörg Zink aus Stuttgart könnte davon nur träumen.

Ja, die katholischen Bischöfe in ihren bunten Gewändern verstehen eben etwas mehr vom Theater als die stocknüchternen Protestanten mit ihrer Sonntagsschule. Und so wundert es nicht, daß ihnen sogar das Fernsehballett gehört. Sie haben es über ihre Fernsehproduktionsgesellschaft einfach aufgekauft, wohlfeil aus der Konkursmache der DDR. Ein Schnäppchen zum Lobe Gottes oder für den Papst, der ja auch einmal Schauspieler werden wollte.

Kirche ist Geschäftsschädigung

Die Gründung privater Fernsehsender bekomme ich kaum mit. Ich schaue nicht viel Fernsehen. Es ist eher die Zeit, in der ich ganz mit dem Aufbau einer lebendigen Gemeinde beschäftigt bin. Wir brauchen ein Zirkuszelt mit 500 Plätzen, um unsere Feste zu feiern. Die Zirkustiere treten regelmäßig in der kleinen Kirche auf. Im Advent der Esel der Mutter Maria. Am Heiligen Abend kommen die Schafe der Schäfer hinzu. Und die Weihnachtsgemeinde steht im Mantel, und zwischen den Menschen stehen Schafe. Da wird der Weihnachtsfrieden spürbar. Weihnachtsgottesdienste sind eben eine Frage der Inszenierung. Religion hat Erlebnischarakter. Zu Heilig Dreikönig im Januar versuchen wir, Kamele zu bekommen. Zu Karneval und Fasching läuft alles, was kreucht und fleucht, durch das als Arche verkleidete und mit Stroh gefüllte Kirchenschiff. Und am Palmsonntag in der Fastenzeit suchen wir den Esel wieder für den Einzug in Jerusalem. Zu Himmelfahrt gehe ich als Schaffner verkleidet mit der ganzen Gemeinde in einem Sonderzug auf Reisen. Es ist die Vorwegnahme einer »kundenorientierten, menschenorientierten »Privatkirche«, während die Nachbargemeinden noch öffentlich-rechtlich, konservativ und borniert darauf warten, daß die Menschen trotz ihres Personals zu ihnen kommen.

Im Fernsehen jedoch sind die gottseligen gemütlichen Zeiten von öffentlich-rechtlichem Rundfunk durch ARD und ZDF ein für allemal passé. SAT 1 strahlt aus Hamburg. RTL plus sendet aus Köln. Und die Kirchen haben schon ihren Fuß in deren Tür gestellt. Sie haben sich dort wie bei den Staatssendern als größte gesellschaftliche Gruppe Sendezeit erkämpft. Das ging damals nur, weil die Privatsender auf der Suche nach genügend gesellschaftlicher Unterstützung nicht nur mit dem Teufel, sondern auch mit Gott paktiert hätten. Ergebnis des ungleichen Pokerspiels zwischen den Privatsendern und den Kirchen waren bis zu 45 Minuten Sendezeit pro

Woche pro Sender. Aber wann das fromme Wort gesendet wird, bestimmt allein der Sender. Und wenn der Sender nicht hingehen soll, sich mitten in der Nacht dieser Verpflichtung zu entledigen, irgendwann zwischen Pornozwielicht und Morgendämmerung, dann muß die Kirche zeigen, was sie kann. Oder ihre Augen waren auch diesmal größer als ihr Mund.

»Geschäftsschädigend« sei die Kirche, sagen die Bosse von SAT 1, wenn sie so etwas wie »Wort zum Sonntag« auf SAT 1 senden wollten. Das kostet zwar in der Produktion nur 6000,– DM. Unterm Strich aber schalten während der fünfminütigen Pinkelpause eine Million Zuschauer ab oder um. Und weg ist dann auch die Werbeeinnahme vorher und ganz gewiß nachher. Zum ersten Mal wird das Wort Gottes in der traditionellen Verpakkung auf seinen Marktwert taxiert und fällt durch. Das »Wort zum Sonntag« wäre ein Millionenverlust für die Sender. Das sattsam ertragene Kirchengefühl: Ich pfeif' auf Sie, wenn Sie nicht in die Kirche kommen, weicht dem Fernsehdiktat: Bleiben Sie dran! Zeigt, was ihr könnt, fordern die privaten Sender die Kirchen auf.

Aber darf die Kirche die Bedürfnisse der Menschen erfüllen und mit einer Fernsehbedürfnisanstalt gemeinsame Sache machen? Oder wird sie damit selber zur Bedürfnisanstalt und zum Misthaufen und verkommt? Unsinn – die Zeit, auf die Menschen einzugehen, die man hier Zuschauer nennt und die ich weiter Gemeinde nenne, ist mehr als reif. Schließlich ist der Misthaufen das fruchtbarste Stück Erde im Garten. Da wächst das Heilkraut als erstes. Später sagt RTL, es habe beim Fernsehen den Zuschauer entdeckt. Und mehr wollte ich auch nicht entdecken. Denn wann die Kirche die Menschen entdeckt, weiß der Himmel. Gott aber wurde ja nicht als Christus geboren und ist auch nicht Christ geworden. Erst einmal ist er Mensch geworden. Und da gab es für ihn schon genug zu tun.

Die Kirche läßt bitten

Die ersten regelmäßigen TV-Sporen habe ich mir dann vor der Kamera in Hamburg verdient. Ich habe beim NDR in der St.-Petri-Kirche in Hamburg Jugendsendungen moderiert: »Treff im Turm«. Aber darin einen echten Beichtstuhl zu installieren, um auch Gäste inkognito erzählen zu lassen, ging nicht. Da ist meine Kirche am Niederrhein offener als Hamburg, das Tor zur Welt. Bald fragt die Evangelische Kirche in Deutschland an, ob ich für sie auch bei den privaten Fernsehanbietern wie SAT 1 arbeiten würde. Man kennt meine Arbeit von den Kirchentagen her.

Doch bei SAT 1 zu arbeiten, ist nicht ganz unproblematisch. Schließlich sind die privaten Sender nichts anderes als eine Firma, die Geld verdienen will, und nur das. Daß Eigentum verpflichtet, wußten die Unternehmer um die Jahrhundertwende, aber doch kein TV-Tycoon. Aber nur, wenn sie auf dem TV-Werksgelände ein paar Pfarrer rumlaufen lassen, gibt der Staat ihnen die Erlaubnis zur Aufnahme der Produktion. Könnte ich Pastor von beispielsweise Mercedes' Gnaden sein? Wenn auch die Kirche bestimmt, was in ihrem Namen über den Sender kommt, die Verantwortung trägt im Gegensatz zum öffentlich-rechtlichen Rundfunk der Privatsender allein. Im Klartext: Meine eventuelle große Klappe muß im Zweifelsfall SAT 1 ausbaden. Und nicht ich und erst recht nicht der Bischof oder die Kirche. Kann das richtig sein? Es ist mittlerweile nun seit zehn Jahren so.

Aber die Entwicklung der elektronischen Medien ist oft schneller als die juristische Form. Schließlich ist es juristisches und theologisches Neuland, das zudem einen zusätzlichen Konfliktstoff bietet. Wer bezahlt denn den Firmenpfarrer von SAT 1 eigentlich, die Kirche oder der Sender? Ich fahre zur Kirchenleitung. Wir einigen uns darauf, daß die Kirche ab sofort die Zahlungen an »Fliege« einstellt, wenn er nun seine Bergarbeitergemeinde verläßt, um seine neue Fernsehgemeinde zu betreuen. SAT 1 wird ihn für seine Sendungen bezahlen. Und nicht zuletzt, um diese Kosten zu senken, muß ich mit meiner Familie nach München ziehen, wo die evangelische Kirche eine eigene TV-Produktionsgesellschaft unterhält, die für SAT 1 produziert.

Als das feststeht und in der Gemeinde bekannt wird, kommt eine Witwe aus der Gemeinde zu mir ins Pfarramt und bestellt mir von ihrem längst verstorbenen Mann Grüße und die Warnung, daß es für mich schwer, sehr schwer wird. Ich vergesse das nie. Erst recht nicht in Krisenzeiten. Da zieht die Witwe in meine Gedanken ein und grüßt wieder. Und ich traue mich nicht selbst ins Totenreich, um nachzufragen oder den Toten zu rufen, um ihn selber zu befragen. Schließlich hat der erste König Israels, König Saul, schlechte Erfahrungen damit gemacht. Wohlgemerkt, daß so was möglich ist, davon erzählt eine unserer heiligen Geschichten in aller Ausführlichkeit. Aber der Umgang mit Toten scheint auch abzufärben. Schwarze Witwe hin, Ehemann her, ich bin nicht mehr aufzuhalten, bei einem »Wort zum Sonntag« für SAT 1 die blaue Studiokulisse am Samstagabend wegzureißen und klarzumachen, wohin ein Pfarrer gehört: auf die Straße, mitten ins Volk!

Kinder sind das erste Publikum

Während die Kirchenvertreter und Fernsehmanager weiter nach einem »Gesicht« Ausschau halten, das Kirche im Privatfernsehen repräsentieren könnte, widme ich mich immer mehr den Kindern. Und da meine Frau und ich mittlerweile selber zwei Töchter bekommen haben, um so mehr. Wenn doch die Fernseh- und Kirchengewaltigen wüßten, was die Kinder schon wissen, nämlich daß sie beim Aufbau eines Vertrauensverhältnisses immer nur ein »Gesicht« bringen dürfen und nicht viele. Die Kinder würden verrückt werden bei unendlich vielen Vätern, die in die Wiege schauen und »killekille« machen. Statt dessen suchen die Kirchenleute weiter nach Konzepten statt nach Köpfen oder besser nach dem einen Kopf.

Derweil bin ich bei den Kindern. Sie sind es, die mich auf den Weg bringen. Kinder, die noch nicht lesen und schreiben können, aber die tiefsten Pilgerfragen schon formulieren können: Warum bin ich krank? Wo komm ich her? Wo ist der verstorbene Opa und der tote Kater jetzt? Wo bin ich, wenn ich träume? Und wenn ich in ihre Augen schaue, wenn sie auf meinen Schoß kriechen und wenn ich ihren Schweiß rieche, verschwindet die Buchstabenwelt der Erwachsenen vor meinen Augen. Und nur, was in mir wirklich ein Bild hervorruft, bleibt bestehen.

Mit den Kindern will ich nicht nur von der Arche Noah erzählen. Ich will sie sehen! Und ich will nicht nur ein Bild malen. Ich will in ihr stehen. Und ich will mich nicht nur nach den Tieren umschauen können, ich will sie streicheln und riechen und weglaufen. Und so schaffen wir viele Ballen Stroh in das ausgeräumte Kirchenschiff. Dies Schiff ist für die nächsten Tage unsere Arche. Nur Stroh! Und auf zwei Dielen muß man balancieren, um mit den Tieren des Dorfes in die Arche zu kommen. Und es wird ein Fest mit den Tieren. Und wir witzeln über den Holzwurm, ob der mit auf die Arche durfte. Resultat der Kindermannschaft: Der Holzwurm darf! Denn in vierzig Tagen kommt er nicht durch das ganze Holz durch, weil der Holzwurm bei der sechsjährigen Caroline zu Hause schon viele Jahre im Gebälk wohnt und ihr Haus immer noch steht. So einfach wird Theologie mit Kindern. Daß wir auch eine Puppe taufen müssen und es auch nach allen Regeln theologischer Kunst tun, geht hoffentlich im Kindergedränge unter, da sonst der Bischof gegen mich ermitteln müßte.

Zuerst entdecke ich also die Kinder. Und die Kinder sind die ersten, die mich mit »Erfolg« segnen und dadurch auf meine ganz bestimmte Reise schicken, meine Kinder, andere Kinder, aber vor allem die Kinder der Kirchengemeinden. Denn die ersten, meist jugendlichen Teilnehmer der neuen Evangelischen Kirchentage waren mittlerweile erwachsen geworden. Sie hatten selber Kinder bekommen und waren Familien geworden, und keiner hatte auf den großen Kirchentreffen Veranstaltungen für schreiende Kinder und stillende Mütter geplant. Der Gott war ja ein Gott der Buchstaben geworden und damit nichts für Kinder. Und erst recht stillte da keiner den Hunger der schreienden Kinder nach Religion. Und das harte, schwer verdauliche Brot dogmatischer Sätze kann kein Kleinkind lange genug kauen. Bei Kindern unter sechs Jahren war Sendepause. Sie werden getauft und den Eltern überlassen. Als wenn das Lesen und Schreiben Voraussetzung für den Eintritt in christliche Religion wäre. Wie gut, daß ich nie gut lesen und schreiben konnte. Mein Herz mußte nicht weit springen, sie zu verstehen. Und ich mache mit den Kindern unter sechs Jahren dabei gleich zwei Entdeckungen. Einmal die sichere Selbstverständlichkeit, daß Religion älter ist als die Fähigkeit, lesen und schreiben zu können. Religion will also weniger mit dem Kopf als mit dem Herzen erobert werden. Und dann merke ich, daß Kinder von Haus aus, also ohne Einfluß von Eltern und Kirche, offenbar längst Genies gelebter Religion sind.

Kinder sind Pilger, unterwegs auf dieser Erde wie die Erwachsenen. Sie haben dieselben Fragen an ihr Leben wie die Erwachsenen. Nur klarer, naiver, reiner. Und ich liege am Abend mit meiner kleinen Tochter im Bett, und wir schauen aus dem Fenster. »Warum gibt es mich, Papa? Warum gibt es all die Millionen Menschen? Warum gibt es unsere Erde? Wo komme ich her, wo geh ich hin? Warum tut das weh? Was ist böse, was ist gut? Was ist gerecht, was ungerecht? Warum fließt so viel Blut?« Und ich liege stumm neben ihr und höre zu. Es sind genau meine Fragen. Und wenn wir eine Antwort finden, dann werden wir sie gemeinsam finden. Zu lehren habe ich hier gar nichts. Komm, Tochter!

Der Unterschied zu uns Erwachsenen liegt vielleicht darin, daß die Kinder noch nicht von uns verseucht worden sind, irgendeine autoritäre Antwort für wahr zu halten, bevor sie sie selbst ausprobiert haben. Kinder können nicht auf Antworten warten, so wenig wie sie überhaupt warten können. Warten und Zeit gibt es offenbar in der Welt nicht, aus der sie kommen. Fragen und Antworten muß ein typisches Zeichen für unsere uns fremde Welt sein. Kinder wollen, wenn sie denn überhaupt eine Antwort wollen, die Antwort jetzt! Und am besten durch eine konkrete Erfahrung. Die Hand auf der Ofenplatte ist die beste Antwort für ein bis dahin unverständliches Verbot.

Kinder als Lehrer

Meine kleine Tochter Johanna, damals sechs, ist über eine lange Zeit meine Lehrmeisterin in der Spiritualität der Kinder. Sie führt weiter, was meine ältere Tochter Miriam begonnen hat. Die Ernsthaftigkeit, mit der sie ihr Essensgebet spricht, rührt mich. »Das Brot von Korn, das Korn von Licht, das Licht von Gottes Angesicht« sagt sie, betet sie und entdeckt langsam den Rhythmus, der darin steckt. Sie schreitet ihn jetzt sogar mit den Füßen ab. »Das Brot von Korn, das Korn von Licht. Das Licht von Gottes Angesicht!« Sie betet. Und um uns herum brennt die Welt. Ausländerunterkünfte brennen, Menschen werden mit Napalm in Bosnien angesteckt wie Fackeln, und Rußland wirft seine Kriegsmaschine wieder an. Was ist Wirklichkeit: das kleine betende Kind oder die Zeitungsnachrichten? Wo soll ich stehen und wen soll ich hindern, weiterzumachen? Ich stelle mich zum Gebet meines Kindes. Es allein wird dafür sorgen, daß ich nicht in einem Moment Brudermord für den Ausweg aus der Krise halte. Das Kind und sein Gebet. Immer wenn Jesus etwas über den Himmel, die andere Wirklichkeit erzählen und vermitteln wollte, nahm er ein Kind aus der Reihe der Umstehenden und stellte es vor die Erwachsenen. Und es war oft genug einleuchtend, was er an den Kindern aufzeigen konnte.

Ade, ihr Zuckerrüben

Damals gingen meine Frau und ich immer häufiger des Abends spazieren. Wir spürten ja, daß die Zeit um war, in der wir mit eigenem Gewinn und Lust die Menschen in der kleinen Bergarbeitergemeinde begleitet hatten. Aber sollten wir wirklich das warme Nest eines Beamtenverhältnisses auf Lebenszeit verlassen, um uns den Wind des Abenteuers um die Nase wehen zu lassen? Ich alleine wäre bei allem Reiz, der von den gewachsenen Fernsehträumen ausging, nicht gegangen. In zwölf Jahren Pfarramt wächst manches zusammen, was gar nicht zusammengehört. Ich wäre geblieben. Aber es gab ein altes Versprechen, das ich meiner Frau gegeben hatte. Sie war vor vielen Jahren aus einem verrückten, bunten Berlin zu mir in die Zuckerrübensteppe des Niederrheins gezogen. Aus den quirligen späten Tagen der 68er Studentenaufstände kam sie in ein mehr als biederes Nest, das sich keine Aufstände leisten konnte. Ich versprach ihr damals, irgendwann und bei Gelegenheit mit ihr weiterzuziehen. Unser Ziel war Berlin.

Bunt und aufständisch wurde es bei uns in der kleinen Stadt nur zur Karnevalszeit, wenn »Fuzzy« wieder extra für drei und mehr tolle Tage aus dem Gefängnis entlassen wurde. Er war wohl Mitte Dreißig, und wegen ausstehender Unterhaltszahlung saß er regelmäßig ein. Und ebenso regelmäßig im Februar drängte er auch mich, beim Richter für ein paar Tage Sonderurlaub vorstellig zu werden, damit er in die »Bütt« steigen könnte, um eine Karnevalsrede zu halten. Ob er bei diesen Gelegenheiten wieder den Grundstein für neue Unterhaltsverfehlungen legte, entzieht sich meinem Wissen. Und wenn ich es wüßte, entzieht es sich meinen Möglichkeiten, darüber zu erzählen. Seine Witze aber waren die besten. Niemand mußte befürchten, daß er nicht zurückkam. Denn die Polizei fischte ihn regelmäßig aus dem Rosenmontagszug heraus und sparte ihm die Taxikosten in den Knast. »Fuzzy« starb drei Tage, nachdem er in meinem Abschiedsgottesdienst Patenonkel eines kleinen Mädchens wurde und ich Aldenhoven verließ.

Abschied von der Gemeinde

Von den Indianern des Regenwaldes am Amazonasfluß weiß ich, daß sie sich nicht verabschieden. Das Herz ist ihnen wohl zu schwer. Sie verschwinden einfach im Urwald. Mir geht es nicht anders. Auch ich kann nicht

gut Abschied nehmen. Vielleicht bin ich deshalb so darauf aus, den mir anvertrauten Menschen das Abschiednehmen zu erleichtern. Einfach, um es selber Stück für Stück zu lernen. Und was ist Religion anderes als die Lehre vom großen Abschiednehmen mit dem entsprechenden seelischen Handwerkszeug und dem Wissen, daß nur der gut Abschied nimmt, der weiß, wie und wo er beizeiten auch wieder nach Hause kommen kann. Abschied nehmen und nach Hause kommen, sind nur zwei Seiten einer Münze. Predigen kann man das leicht. Tausendmal habe ich es unter vier Augen gesagt und hundertmal auf dem Friedhof. Aber jetzt kommt die Probe aufs eigene Wort. Ich will gehen. In langen Gesprächen mit meiner Frau und den Kollegen ist die Entscheidung gefallen.

Aber so ganz ohne Worte Abschied zu nehmen, ist nicht gut. Da bleibt einem irgend etwas in der Kehle stekken. Vielleicht segnen sich die Menschen aller Zeiten und Kulturen mit ein paar Worten und Gesten, um den Hals wieder frei zu bekommen. Beide Seiten sollen wieder frei atmen können und befreit sein für ein neues Stück Abenteuer und Leben. Was werde ich sagen?

Die Lokalzeitung zitiert mich: »Die Gemeinde braucht mich nicht«, sagt »Fliege« und setzt nach kurzem Zögern noch das Wörtchen »mehr« hinzu. Da sieht man, wie ausdrucksunsicher man werden kann, wenn es einen umwirft. Ich wenigstens formuliere zu extrem. Und so erzählen andere, ich hätte mich eben gefühlt wie »ein kleiner König« auf der Suche nach größeren Herausforderungen. Da war etwas Wahres dran. Ich hatte gekündigt, weil ich spürte, daß meine Zeit im kleinen Bergarbeiterdorf vorbei war. Sie bauen mein Zirkuszelt auf, denn viele hundert kommen, um Abschied zu nehmen. Die Tamilen haben mir einen Blumenkranz geflochten. Der Kindergarten singt sein Lied und schenkt uns zum Abschied ein Stück Himmel. Ein blaugefärbtes Bettuch mit Stoffsternen, Sonne und Mond. Genauso ein Tuch, unter dem wir oft Taufe gefeiert hatten. Es war wie ein Himmel, der von den größten Paten des Kindes über die Familie gehalten wurde und das Kind durch die Kindheit begleitete. Jetzt begleitet er uns nach München. Bepackt mit Geschenken und Erinnerungen segnen wir uns gegenseitig. Sie waren mir eine gute Gemeinde. Und ich hoffe, ich war ihnen ein guter Pfarrer. Wir haben uns gebraucht. Und siehe, es war gut!

Das Fest ist vorbei, die Kirche ist leer, jetzt gehe ich noch einmal hinein. Ich will mich auch von dem Gebäude verabschieden. Es hat mir sehr geholfen. Den Altar durfte ich abreißen, um einen einfachen Holztisch zu bauen, um den wir uns versammeln, um Brot und Wein zu teilen. In einer komplizierter werdenden Welt werden wir uns an den einfachen Dingen orientieren müssen. Teilen! Ich habe die Kanzel abreißen lassen dürfen. Und das kleine Stehpult, das im Notfall als Ersatz diente, war so durchsichtig, daß sich keiner mehr hinter der Institution verstecken konnte. Wer hier stand, mußte sich offenbaren. Das riesige Kreuz ließ ich von der Wand nehmen, damit man sich unter dem Kreuz versammeln konnte. Und es gab Menschen, die haben sich in ihrer Not an den Stamm des Kreuzes gekrallt und unter diesem Kreuz in der Kirche geschlafen. Und ich habe sie gelassen. Was weiß ich Besseres? Einmal habe ich in meiner Verzweiflung meine »dickköpfige« Tochter in die Kirche gesperrt. Ob sie das jemals verarbeiten wird? Ich muß gehen und segne den Ort, wie er mich gesegnet hat. Es gibt keine toten Orte. Es gibt keinen Tod.

Voller Abschied und Tränen sitze ich nach meinem letzten Tag in Aldenhoven mitten in einer kalten Sommernacht mutterseelensolo auf meinem Fahrrad mit Hilfsmotor, um mit dem Nachtzug von Aachen nach München zu reisen. Es tut weh. Der Nachtzug nach München geht kurz nach Mitternacht. Die Familie wird in ein paar Wochen nachkommen. Ich singe laut gegen den Lärm des kleinen Motors an. Der Schmerz sitzt an den zerrissenen Wurzeln. Was ist mit den Wurzeln? Warum darf man als Pfarrer und Pastor keine Wurzeln schlagen? Ist das auch ein Stück sichtbare Lehre für die »Schäfchen«, daß wir reisen müssen?

Werden wie ein Baum

Jahre später werde ich für diesen Augenblick des großen Abschiednehmens ein Bild finden. Es ist uralt. Die Weisen unserer Religion, die Mystiker, haben immer gesagt, der Mensch könne sein Wesen, seinen Charakter verändern. Und Ziel müsse sein, wie ein Baum zu werden. Warum? Weil so ein Baum den Widrigkeiten des Lebens, Wind und Wetter, trotzen kann, ohne zu fallen und umzukommen. Weil ein Baum in seiner großen Angst, die er sicherlich auch hat, wenn die Tiere kommen und Blätter und Zweige abfressen, nicht weglaufen kann. Was weiß ich, wovor sich ein Baum noch fürchtet, vor zu viel Sonne im Sommer, vor zu viel Sturm im Herbst und zu viel Frost im Winter. Er kann nicht weglaufen, steht da, bleibt und hat nur die Hoffnung, daß alles gut wird. Ein Baum ist auf Gnade angewiesen, wie sonst nichts, was lebt. Er hofft, wenn er denn eine Seele hat. Aber daß er eine Seele hat, da bin ich sicher.

Wie ein Baum soll ich werden: aushalten, ohne weglaufen zu können. Aber ich bin kein Baum, ihr Weisen, ihr Mystiker! Ich bin ein Mensch und bin auf der Reise!

Und wenn ein Mensch nun seine Wurzeln weniger tief in die Erde als hoch in den Himmel bohrt, was dann? Daß er zwar mit seinen Beinen weglaufen kann, aber immer noch unter dem Himmel bleibt. Wäre das was? Sozusagen im Himmel wurzelt, dem man ja auch nicht entfliehen kann? Unter dem Himmel sind wir immer. Was sind das dann für Luftwurzeln, die verhindern, daß ich genau wie ein Baum den Stürmen eines Menschenlebens trotzen kann? Woraus sind diese Wurzeln? Was ist das für ein Stoff, der verhindert, daß mich keiner umbläst, daß mich nichts zerreißt, daß mich nichts tödlich verwundet, mich nichts verbrennt? Was sind das für Wurzeln, die mich leben lassen? Sie müssen verständlicherweise ebenso unsichtbar sein wie der Himmel, in den hinein sie sich ausbilden. Direkt aus meinem Herzen in den Himmel!

Die stärksten Wurzeln, die ich kenne, sind Rufe! Es sind die Hilferufe eines jeden Menschen! Stoßgebete, Stoßgebete und Seufzer, unaussprechliche und unausgesprochene Hilferufe, die nur die Seele kennt und oft genug nur der Himmel hört und versteht.

Sie sind zwar nur die Hälfte der »Rufwurzeln«. Nur die andere Hälfte, die »Dank- und Anbetungswurzeln« sind in unserer westlichen Religionskultur nicht weit ausgebildet. Hier ist nicht viel mit Dank, denn das würde ja Zufriedenheit voraussetzen, und der ganze Fortschritt und Kapitalismus bräche zusammen. Dankgebete brauchen einen stillen, zur Ruhe gekommenen Menschen. Bei uns aber läßt die Lösung Tag und Nacht auf sich warten, und wir rufen.

Doch diese Rufwurzeln geben die Richtung an, in der alle anderen Wurzeln Halt und Festigkeit suchen. Die Rufwurzeln wissen, wo Hilfe ist. Sie garantieren auch, daß man die Wurzeln nicht in die Erde, sondern in den Himmel schlägt. Und wenn Sie selber sich zu blöd vorkommen zum Rufen, macht nichts. Ihre Seele geht in diesem Fall einfach über Ihren Verstand hinweg und seufzt an Ihrer mind-control vorbei. Oft unmerklich. Aber der Himmel hat feine Ohren.

Aus diesen starken Wurzeln mit und ohne Kopf wachsen dann die Lieder und binden den Himmel an den Menschen! Gesänge und Musik sind die Kräfte, die meine Empfindungen, Ahnungen und Gefühle stark und mächtig werden lassen. Mit Musik komme ich tiefer in meine Seele und höher in den Himmel. Also, wollen Sie Festigkeit in ihrem Leben, finden Sie sie und singen Sie Ihre Lieder. Eines Tages könnte Ihnen dann ein Lied unterkommen, was exakt unser Thema hier besingt: Wo wir auch sind, uns schützt der Himmel. Psalm 139! Aber bitte nicht gleich weitersagen! Die Leute sind so allergisch, wenn man gleich mit der Bibel kommt. Schlechte Erfahrungen gemacht. Mit wem wohl!?

Der Weg nach München

Abstieg ins Scheinwerferlicht

Ich will Fernsehen machen. Viel Unterstützung habe ich nicht dafür. Doch Pfarrer finden für alles eine gute Begründung, sogar für den eigenen Abstieg. Schließlich werden sie ja für gute Begründungen bezahlt. Und am Ende stellt sich dann doch bloß heraus, daß das ganze fromme Gerede vom Abstieg nichts anderes ist als ein heimlicher Egotrip, eine Selbstverwirklichung auf Kosten der anderen, wie die Psychologen heute sagen. »Der Kerl wollte immer schon im Scheinwerferlicht stehen. Scheinwerfer und in der Mitte der Aufmerksamkeit stehen ist bei ihm viel elementarer als Kirche. Und Scheinwerfer strahlen eben in der Kirche nicht mehr. Da sind die Lampen ausgegangen oder blind geworden. Die Scheinwerfer sind ›Flieges‹ Ziel. Und jetzt geht er eben dahin, wo er immer hinwollte, ins Licht. Schon als kleiner Junge.«

Da ist was dran! Nicht nur, weil später ein berühmter Astrologe in der »Fliege«-Astrologiesendung es so sah. Der mußte ja nicht in die Sterne gucken, sondern nur ins Leben schauen. Das ist zwar auch eine Kunst, jedoch eine andere, die mir mehr liegt. Aber daß jeder Mensch nicht nur aus den fernen Sternen und allpräsenten Genen etwas mitbringt, sondern auch aus seiner irdischen Wiege, das ihn bestimmt und prägt, ist keine Frage. Und wenn ich mich auch nicht in den Sternen und Genen genug auskenne, in meiner Wiege lag, daß ich der jüngste von drei Brüdern bin. Basta! Das prägt wie ein Prägestock! Ganz ohne Übervater und Übermutter! Allein gegen die Brüder und obendrein noch eingekeilt zwischen drei Schwestern.

Und was die amerikanische Psychologie über den jüngsten von drei Brüdern herausgekriegt hat, paßt, ob es mir gefällt oder nicht! Paßt wie ein guter Schuh! Paßt auch ebenso auf die Seele des jüngsten Bruders aus den Grimmschen Märchen. Paßt in die biblischen Geschichten von Josef und seinen Brüdern. Es ist immer dasselbe, und die Eltern, Ehepartner und Therapeuten können sich alle Vorwürfe und teuren Ratschläge sparen.

Fernsehen ist böse

Ich will Fernsehen machen. Ich will ins Fernsehen. Jetzt, wo die Weichen gestellt sind, erinnere ich mich daran, wie Ernst es mir damit schon als Teenager war. Ich drängte damals meine Mutter, mit mir nach Wuppertal zu fahren, um mir einen weißen Schal zu kaufen, wie ihn Hans Joachim Kuhlenkampf im Fernsehen trug. Den Mantel kaufte mir meine Mutter dazu. Doch bald merkte ich, daß es weder der Mantel noch der Schal war, der mich faszinierte. Es war Kuhlenkampf. Und so wanderten Schal und Mantel zu meinem Bruder. Aber Fernsehen ist böse, sagen später meine Pfarrerkollegen und rümpfen die Nase. Doch darüber setzte ich mich noch hinweg. Schwieriger ist schon, daß die Waldorfschule es mit demselben naserümpfenden Bedauern ablehnt, meine Töchter aufzunehmen. Ein Fernsehgerät zu Hause sei schon von Übel. Und jetzt kommt noch ein Vater daher, der nicht nur seine Nase ins Fernsehen hineinhält, sondern sogar aus dem Kasten wieder herausguckt. Das ist eindeutig zuviel! »Unmöglich! Tut uns leid, Herr Pfarrer«, sagen die Antroposophen, »Fernsehen nimmt einem Menschen doch erneut ein Stück direktes, selbst gelebtes und selbst erfahrenes Leben. Fernsehen ist böse.« Ich kann das verstehen. Schließlich braucht jede funktionierende Gemeinschaft auch ein paar Tabus, deren Vor- und Nachteile nicht verhandelbar sind. Sie werden einfach gesetzt und sitzen wie Splitter im Fleisch und sollen weh tun. Und der Schmerz soll zeigen, wohin die Reise geht. Nur ist es für mich das falsche Tabu; denn ich bin ja längst dabei. Ich bin ja längst unterwegs.

Der Arzt ist für die Kranken da

Ich will Fernsehen machen und die Mauern der engen Kirche verlassen. Es ist mir, als wenn ich aus ihr etwas mitnehmen wollte und es den Menschen zurückbringe. Als wenn das Heilige aus den Tempel- und Kirchenmauern, in das es vor dreitausend Jahren geraten ist, wieder zurück zu den Menschen wollte. Ich will wieder zu den Menschen gehen und es mitnehmen. Und wer es immer noch nicht begriffen hat, dem erzähle ich von Jesus aus dem galiläischen Dorf Nazareth, der es auch nicht von Anfang an wußte, daß er auf dieser Erde nicht nur zu den Frommen seines Landes und Israels geschickt wurde, sondern zu den Menschen, egal, wo sie herkommen, egal, was sie glauben, egal, was sie sind. Scheuklappen aus Kultur und Geschichte gab es auch bei ihm.

Eine ausländische Frau – ausgerechnet eine Frau, und dann auch noch Ausländerin – und ein magisches Erlebnis halfen ihm damals auf die Sprünge. Jesus hält oben am Tisch wieder das große heilige Wort, während unterm Tisch die Frau schon keck an seinem Kleid zupft. Sie will was von ihm. Sie kommt sich vor wie ein Hund, der nicht vergessen werden will. Und so wirkt sie auch. Erst da dämmert es dem größten Geistlichen aller Zeiten: runter vom Tisch, runter von der Kanzel! Auch wenn sie das heilige Israel und das heilige Volk heißt! Und er bringt es auf den Punkt: »Der Arzt ist nicht für die Gesunden da, sondern für die Kranken!« Ende aller Selbstbeweihräucherung, Tabakskollegien und ideologischer Onanie. Schluß mit den Stammtischreden! Später wird er seine ganze Lehre auf solche Brücken- und Abstiegsschritte aufbauen. Demut ist angesagt. Herablassung ist sein Königsweg. Und ich schreibe jede Woche in der Boulevardpresse. Wohin baut der Heilige Vater, der Pontifex maximus, der größte Brückenbauer eigentlich seine Brücke? Von sich aus in den Himmel? Da würde doch wohl eine kleine Brücke reichen. Die größte aller Brücken ist doch wohl die Brücke für die Menschen. Und die liegt zerstört darnieder. Ich frage mich, warum es bei uns keine Boulevard-Religion gibt. Denn nichts anderes wollte doch Jesus. Nichts anderes wollte Luther. Bei Jesus gab es die Liebe für das gemeine Volk. Und Luther lernte auf der Straße die deutsche Sprache.

Unterm Krummstab ist gut Leben

Die Fernsehproduzenten der Kirche, die mich nach München lockten, haben mir, wo ich doch nicht mehr auf der Lohnliste des Bischofs stehe, »Besitzstandswahrung« versprochen. Das teure Münchner Pflaster soll mich mit meiner Familie nicht an den Bettelstab bringen. Und ich Landpfarrer habe ihnen ganz ohne Papier und Unterschrift geglaubt. Ein typischer »Fliege«-Fehler, den ich offenbar aus dem vertrauten ländlichen Pfarrhaus mit in die vogelfreie Wirtschaft der Städte nehme und der mir noch des öfteren schlaflose Nächte bereiten wird. Ich habe zwar in München nicht gebettelt, aber nur, weil ich mich geschämt habe, einmal so vertrauensvoll gewesen zu sein. Denn Anlaß hätte ich durchaus gehabt. Meine Bank läßt durch einen ihrer Automaten meine Scheckkarte unvorangemeldet einziehen, während ich am Wochenende mit 20 000 DM Bankschulden, aber ohne Lebensmittel auf der Straße stehe. Und alles, weil die Kirchenherren ihr Versprechen nicht halten. Umzugskosten, Maklerkosten, Kaution, Wohnungsrenovierung, alles muß ich zahlen. Und das Geld ist weg! Geschichten wie an einer Perlenschnur des Unglücks passieren mir. Geschichten, die mir meine Gemeindeglieder immer wieder erzählt haben und wie sie mir heute täglich auf den Schreibtisch flattern.

Aus dem Pfarrhaus gehst du doch mit leerem Beutel,

die Kirche sorgte doch für dich. Da läßt sich leicht predigen, daß die Füchse Gruben haben und die Vögel Nester und Jesus nichts und du, wenn du in deine Taschen guckst, auch nicht viel mehr, wenn du dich dann doch wieder mit gutem Gehalt am Monatsletzten in Abrahams Schoß bettest. Unterm Krummstab des Bischofs ist eben gut leben. Da mußt du dich nicht um eine Wohnung kümmern. Pfarrhäuser in meinem Kirchengebiet mußten traditionell 200 Quadratmeter Wohnfläche haben, einmal zum Repräsentieren und dann, weil die Familienplanung in evangelischen Pfarrhäusern immer noch etwas hinter der Zeit herhinkt. Wieviele Kinder hatte Luther?

Als Pfarrherr mußt du auch keinen Makler schmieren, wie das später von mir in München und Berlin erwartet wurde. Und in Alters- und Kranken- und Lebens- und Haftpflicht- und erst recht Rechtsschutzversicherungen kennst du dich auch nicht gut aus. Im Zweifel sorgt die Kirche! Und wie gut sie für ihre Leute sorgt, merkt man erst draußen. Nie habe ich so viel über Geld nachdenken müssen wie jetzt. Nie habe ich Prozesse führen müssen wie jetzt. Was ich als soziales Problem theoretisch im Pfarrer-Kopf habe, wird nun schlaflose Praxis.

Daß es neben dem absolut gesunden Vertrauen als Kirchenmann und dem tagtäglichen Vertrauen in christliche Kaufmannsbräuche auch ein gesundes Mißtrauen geben muß, lerne ich zu spät. Der »Vertrauensfehler« verführt mich wieder. Als mein Vermieter mir die zugesagten Renovierungskosten erstatten will, unterschreibe ich Sekunden, bevor ich das Geld in der Hand habe, die Quittung. Da steckt er das Geld, einige Tausender, wieder in seine Jacketinnentasche ein und lehrt mich: »Jetzt haben Sie schlechte Karten!« Das Geld habe ich zwar gesehen, aber nie in die Hände bekommen. Klagen nützt nichts! Meine Unterschrift steht auf seiner Quittung.

Der liebe Gott macht mit mir offenbar im Schnellverfahren einen sozialen Crashkurs. Auf was will er mich vorbereiten? Das frage ich zwar dann und wann, doch trösten tut es nicht. Die Sorgen sind größer als das Vertrauen.

Information oder Beeinflussung

Ich bin kein Journalist. Ich gehe ins Fernsehen, um die Menschen zu verändern. Ich gehe nicht dahin, um sie mit fragwürdigen Informationen abzufüllen. Und so sind mir die vielen Dokumentationen, die die Fernsehgesellschaft der evangelischen Kirche herstellt, eher ein Graus als ein Vergnügen. Ich will kein Lehrer sein, der andere Menschen von oben oder von vorne belehrt. Religion ist mehr als das Lehren von wichtigen Lebensregeln und Ethik und Moral. Ich will Menschen nicht informieren. Sie sind längst voll davon und informationsbesoffen. Sie sind oft genug sogar informationssüchtig. Sie ziehen sich Tag um Tag mehr von diesem Stoff rein. Und sie werden unruhig, wenn es Tagesschauzeit ist: Und sie ersticken in und an Informationen, die sie längst nicht mehr befähigen, zwischen gut und böse, rechts und links zu unterscheiden. Zu viel Information bringt sie außer Rand und Band. So gesehen bin ich kein Informierer und kein Überbringer sogenannter objektiver Nachrichten. Ich bin kein Journalist. Ich bleibe ein »Hirte«, der das Zerrissene und Verirrte und Verwirrte sucht, ein »Pastor«, der auf einem neuen Feld eine Herde in Form will.

Denn worin liegt denn der Informationswert eines abgeschnittenen Frauenkopfes auf Seite eins einer Boulevardzeitung? Man kann mit dem Argument, die Menschen zu informieren, auch das Grauen nähren und in eine gute gewaltige Form und Kondition bringen. Aber wo man das Grauen in Form bringt, bringt man die Menschen aus der Form.

Ich dagegen muß deutlich machen, daß das Grauen, das beim Lesen über den Rücken und Nacken in einem Menschen hochsteigt, ein Signal ist, ein rotes Licht dafür, wieviel Isolation und gespenstische Einsamkeit in eine Stadt einziehen kann, die nicht aufpaßt und ihren guten Geist nicht pflegt. Ich will dann sagen, daß wir das lähmende Entsetzen am ehesten überwinden, wenn wir uns gegenseitig unser Erschrecken zugestehen und es so miteinander teilen. Und dann tief Luft holen, um den guten Geist der Stadt und des Landes zu stärken. Den guten Geist einer Versammlung von Menschen zu stärken und ihn widerstandsfähiger zu machen, das ist meine Aufgabe. So will ich Menschen informieren.

Es gab ja ein Beispiel dafür. Als in den siebziger Jahren die Unterstützerszene der »Rote-Armee-Fraktion« (RAF) die Großveranstaltungen der Kirchentage mit Megaphon und Transparenten störte und die Angst nicht nur vor Stinkbomben die Menge lähmte, da mußten Menschen ans Mikrophon treten, die der wachsenden Angst der Versammlung widerstanden. Es drohte ein Chaos. Und es drohte Gewalt. Die Polizei wartete nur auf unsere

Bitte, uns zu Hilfe zu kommen. Mit ihrer Stimme und mit ihrem Geist mußten die Veranstalter den Tausenden Versammelten in den Messehallen klarmachen, daß alles schon gut enden würde. Jeder bekäme sein Rede- und Zuhörrecht. Da war ein Geist gefragt, der eine gute Form bringt. Da war Gelassenheit gefragt, die mitten im Informationsstreit über Haftbedingungen und Faschismusdiskussion einfach nur daran glaubte, daß alles gut enden würde, wenn man jetzt nur die Ruhe bewahrte.

Aber wer sagt und sendet, daß wir an Tagen der Angst, der Trostlosigkeit, der Orientierungslosigkeit und des Grauens tröstend an die Seite der Trauernden gehören, damit die bei Trost bleiben? Wer sagt das dem Volk, und wer sagt es einer großen TV-Gemeinde? Denn das ist ja das Leiden, das Grauen schafft, daß unter uns immer mehr Menschen nicht mehr bei Trost sind, weil sie alleingelassen mit dem Leben nicht mehr fertig werden. Sie sind eben durch alle Informationen außer Rand und Band geraten, ohne Grenze und ohne Zugehörigkeitsgefühl. Und ich? Ich will das nicht nur aufzeigen. Ich rufe um Hilfe! Denn das ist mein Handwerk: Ich will die feinen Kräfte der unsichtbaren Wirklichkeit an unsere Seite rufen, damit wir alle bei Trost bleiben und nicht hysterisch und verrückt reagieren.

Umgang färbt eben ab, auch von der Mattscheibe. Da färbt sich unwidersprochen langsam Gewalt in die Herzen der Kinder. Aber genauso färbt sich Trost in die Herzen derer, die nicht mehr kämpfen oder weglaufen können. So einfach mache ich mir die große Diskussion, ob Gewalt im Fernsehen nicht nur unsere Kinder verdirbt. Aber wenn Fernsehen abfärbt, dann wird es auch abfärben, wenn wir uns dort verstehen und trösten. Diese Maschine ist nicht gut oder böse. Es ist der Mensch, der sie böse macht. Und es ist ja der Mensch, der den Menschen die Angst nimmt.

Auf Missionsreise

Ich gehe also quasi auf Missionsreise zu den viel gescholtenen Schreiberlingen und Fernsehmachern. Mal sehen, ob die Kunst des Sendens, was auf lateinisch missio heißt, und die Kunst des Verstehens in den Rundfunkanstalten und Redaktionen vorübergehend Heimat gefunden hat? Darum lerne ich auch als erstes wie jeder alte Missionar im fernen Afrika die fremde Sprache mitten im eigenen Land. Kommunikation ist unter dem Diktat der Einschaltquote und des Erfolgs nicht nur senden und predigen. Kommunikation bedeutet, beim Sprechen und beim »Senden« unbedingt die Kunst des Empfangens und Verstehens zu bedenken. Das hat die große und mächtige Kirche völlig vergessen. Sie ist mit den Jahrhunderten wie eine Koranschule geworden, die genauso in einer fremden Sprache zu uns spricht, wie türkischen Kindern unverständliche fremde, arabische Suren in Kopf und Herz geprägt werden. Niemand auf der Straße benutzt und versteht die Sprache der Kirche und ihrer Leute. Und niemand will, daß die eigenen Kinder eines Tages so weltfremd sprechen. Die Kirche redet von »Botschaft« und meint keine Diplomaten. Sie redet von »Glauben« und wundert sich, daß Leute das für etwas Vages, Unsicheres halten. Meine Kirche gleicht in diesen Tagen einem Diamantenhändler, der durch die Straßen zieht und aus dem vollen Perlen vor die Säue wirft. Keine Frage, wer da der Dumme ist. Die Rehabilitation der Säue und Schweine ist angesagt. Nur hätte die Kirche es längst wissen müssen. Schließlich stammt das Bild von den Perlen und Säuen aus dem Neuen Testament. Ich wechsle zu den »Säuen!« Doch da ist auch nicht alles Gold, was glänzt.

Lehrer

Ich soll für SAT 1 kirchliche Programme machen. Sie sind nur fünf Minuten lang. Sie sollen Einschaltquote garantieren und keine Ausschaltquote. Aber wie sollen solche religiösen Kurzsendungen aussehen? Garantiert eine wildgewordene Kamera, schnelle Clips und Schnitte schon das bleibende Interesse der Zuschauer? Oder liegt in dem, was ein Mensch sagen will, genug Würze für die Kürze? Aber von wem kann ich lernen, wenn ich nun der Kopf bin, den man dann einmal pro Woche sieht?

Mitten in der Midlife-crisis fragt mich einmal ein Therapeut nach meinen Lehrern und meinen Vorbildern. Ich kann ihm keinen nennen und mache mich auf, sie zu suchen. Denn wer keine Lehrer hat, lernt nichts. Und umgekehrt, wer seine Lehrer findet oder wiederfindet, erlernt vielleicht wieder leichter das Lernen. Wer sind meine Lehrer? Mein Vater wohl kaum. Alles, was ein kleiner Junge über das Leben lernen muß, lehrte mich mein Großvater. Und in der Schule habe ich sie auch nicht getroffen. Gut, da gab es Lehrer, aber ganz gleich, was sie lehrten, sie erreichten mich nicht wirklich. Meine Lehrer standen immer auf der Bühne. Ich war siebzehn, als ich Hanns Dieter Hüsch im Stadttheater Remscheid hörte, und ich lernte und lernte seine Texte auswendig. In einer Rolle spielte er den Pastor, der ich werden wollte. Er trug einen Pullover und keinen Talar. Wohl hatte er, zugegeben, eine Orgel, ein Örgelchen mehr, auf der er meistens nur die Harmonien und Disharmonien anschlug. Zehn Jahre später noch waren meine ersten Predigten eher Plagiate von Hüsch als von Luther. Und die Katheder der Universitätsprofessoren waren mir nicht Bühne genug. Aber Heinrich Albertz – er stand im Rampenlicht und wurde ein Lehrer. Aber wer kennt diesen großen alten Mann noch?

Typisch für alle Kinder und Enkel! Wir verlieren unsere Großväter und Mütter aus der Erinnerung. Tagesordnung geht vor Nostalgie. Wenn unsere Großeltern weiterleben sollen, müssen wir sie auferstehen lassen. Ihre Geburtstage sind gute Gelegenheiten. Heinrich Albertz wäre 80 Jahre. Heinrich Albertz, der Regierende von Berlin, der Innensenator und Herr über alle Schakos und Schupos, die Geisel der RAF und der Pfarrer von Dahlem, der zornige alte Mann, der sein Volk und seine Kirche liebte wie selten ein anderer.

Über 80 Jahre und kein bißchen leise wäre er heute. Über 80 Jahre und doch ziemlich weise. Mir fehlt der Mann. Warum? Wir haben soviele Heilige mit und ohne Sockel. Aber was uns fehlt, sind Menschen ganz ohne Sockel, ganz ohne Stein! Menschen sind nicht aus Stein. Heinrich Albertz war nicht aus Stein. Sein Herz blutete bis zum Schluß, wenn er an uns dachte. »Weint nicht um mich, könnte er gesagt haben, weint um Euch und Eure Kinder!«

Menschen erkennt man ja von weitem daran, daß sie Fehler machen. Und wenn man dann näher kommt, daran, daß sie ihre Fehler eifrig zu vertuschen suchen. Und wenn man ihnen ganz nahe kommt, erkennt man Menschen daran, daß sie ihre Fehler auch mal zugeben und dazu stehen. Bei Albertz kriegte man das Menschliche schon von weitem mit. Dann, wenn er in aller Öffentlichkeit von seinen Fehlern und von seiner Schuld sprach. Da wird er zum Lehrer des Menschlichen. Er trat zurück, als er seinen Teil der Schuld am Tod des Studenten Benno Ohnesorg erkannte. Mensch bleiben ging über Macht haben. So einfach war das mal, und heute ist es ganz und gar aus der Mode gekommen. Herren, die heute Fehler machen, sagen lapidar, daß sie auch nur Menschen sind. Als wenn sie in fehlerloser Zeit schon unter die Steinheiligen gezählt werden wollten! Albertz, der sein Leben einsetzt, als Geisel der RAF nach Aden! Albertz, der Pfarrer vom »Wort zum Sonntag«, der wie kein anderer die Leute mit seinem Wort fesselt und daran hindert, zwischen großer Samstagabendshow und Tagesschau zum Klo oder Bierholen zu gehen. Albertz, der zornige alte Mann, der, bitter geworden, bei seinen Töchtern und Söhnen im Amt das Rückgrat anmahnt. An seinem Grab in Bremen sänge ich Bettina Wegners Lied: »Grade klare Menschen wären ein schönes Ziel. Menschen ohne Rückgrat ha'm wir schon zu viel!«

»So gesehen«

»Bist du die Mann, die macht die Reklame für die Kirche?« fragt mich in einer Pizzeria der italienische Kellner. Er schaltet offenbar nach Feierabend um Mitternacht als erstes das Fernsehen an, wenn er nach Hause kommt. Ich kann mir auch denken, warum. Vielleicht gibt es noch ein paar erotische Bilder vor dem Zubettgehen? Und während RTL Tuttifrutti mit Po und Busen Quote macht, flimmert mein Kopf bei der Konkurrenz auf SAT 1 in die Wohn- oder Schlafzimmer. Jeden Sonntagabend kurz nach zwölf ist »So gesehen« dran. Fünf Minuten, abwechselnd mit den katholischer Kollegen. Motto: Neue Sprache braucht das Land, frecher, ehrlicher, zärtlicher, leidenschaftlicher, mutiger. Von abschalten, wegzappen und langweilen ist fortan keine Rede mehr. Das fällt selbst den Fernsehmachern auf, die bisher die Kirche nur seufzend in ihr Boot nahmen. Ich schreibe und moderiere diese Sendereihe bald sieben Jahre lang. Und ich höre erst damit auf, als die ARD-Direktoren darauf bestehen, daß mein Gesicht wohl langsam der ARD gehöre.

Aber machen wir da Reklame für die Kirche? Braucht die Kirche überhaupt Reklame? Und kann man für eine Ware werben, wo das Produkt oft weit hinter den Werbesprüchen zurückfällt? Die beste Werbung ist immer noch das Produkt selber. Aber ohne die Medien, die davon berichten, läuft in der Medienwelt nichts mehr.

Leben wie die Hunde

Was ein »Eye-catcher«, ein Blickfang, ist, lerne ich als Begriff erst mit weit über vierzig. Aber daß ich meine Zuhörer und Zuschauer mit dem ersten Blick und auf den ersten Blick interessieren muß, weiß ich seit meiner Kindheit. Auf den ersten Blick kommt es an! Deswegen hatte mich die kirchliche Auswahlkommission für das »Wort zum Sonntag« doch nicht genommen. Ich wollte doch wie der blinde Bartimäus aus dem Neuen Testament mit verbundenen Augen vor die Fernsehkameras treten und erzählen, daß man sich in seiner Not nur noch auf seine Not verlassen kann und nicht auf die scheelen Blicke seiner Umgebung. Das war damals ja abgelehnt worden. Blickfang für das »Wort zum Sonntag« bleibt durchweg weiterhin ein blauer Hintergrund und ein leerer Schreibtisch.

Doch für mein neues Wort zum Sonntag auf SAT 1, für mein »So gesehen«, suchte ich immer wieder nach solchen Eye-catchern. Wie wäre es denn, wenn wir statt am Tisch zu sitzen, einfach eine Sendung machten von unter dem Tisch? Das wäre doch eine völlig verrückte Perspektive. Jetzt fehlte uns nur noch eine biblische Geschichte, die geradezu unter dem Tisch handelt. Und die gibt es im übertragenen Sinn tatsächlich. Also sieht mich der Fernsehzuschauer, wenn er am Sonntag »So gesehen« einschaltet, auf einmal unter dem Tisch kauern. Und drumherum scheint es irgendwie wohl eine Party zu sein. Jedenfalls sieht man viel schönes Frauenbein und Herren mit geputzten schwarzen Schuhen. Ein idealer Eyecatcher! Und dann erzähle ich in die Kamera hinein eine merkwürdig verfremdete Jesus-Geschichte aus dem Neuen Testament:

Irgendwie so muß das aussehen! Die Zweidrittelgesellschaft von unten. Deutschland aus der Hundeperspektive! Aus der Sichtweise der armen Hunde, die wir mehr und mehr an der Leine führen müssen, weil wir ihnen die Menschenwürde nahmen. Die feinen Damen und Herren der immer reicher gewordenen Gesellschaft haben wieder mal einen Partyservice engagiert. Gnädigste hier und Küßchen da! Sogar der Hummer muß nicht laufen. Er wird hereingetragen! Champagner für alle? Denkste! Die lassen doch Champagner nicht vor die Hunde gehen! Das ist für die Damen und Herren dasselbe, wie wenn das Zeug »umkommt«! »Vor die Hunde gehen« und »umkommen« ist eins. Die Sprache verrät alles!

Geteilt wird ja nicht! Wenn geteilt würde, wären wir ja nicht die Zweidrittelgesellschaft, in der zwei Drittel was haben und ein Drittel nichts! Wir wären eine Gemeinschaft. Und eingeladen, so von gleich zu gleich, wird man erst recht nicht. Wo kommen wir denn da hin, wenn Leute minderen Standes und Geldes und geringer Bildung einfach die höheren Kreise stören?!

Und so sieht das dann von unten aus. Viel Bein und wenig Augen! Keine Augen! Man wird das Gefühl nicht los, die wollen einem gar nicht in die Augen schauen! Die können einem gar nicht mehr in die Augen schauen! Da könnte ja was passieren! Erst Auge in Auge! Und später vielleicht auch Zahn um Zahn! Über die Augen erreicht man auch schneller die Seele eines Menschen als über die Beine! Ein tiefer Blick, und man ist betroffen! Auge in Auge ist zu gefährlich. Man kann offenbar über die

Augen zu tief in die Seele eines Menschen gucken, so wie sonst nirgendwo.

Gut, an den Tischen der Reichen fällt eine Menge ab! Die lassen einen nicht umkommen. Auf den Mitleidseffekt reicher Unternehmergattinnen bauen ganze Regierungen! Reiche mästen, damit die Armen nicht umkommen! Am Ende aber sind es doch nur Krümel vom Tisch der Reichen und Berufenen für die Hunde unterm Tisch. Über 500 Mark pro Nase pro Monat. Aber nie Auge in Auge! Sondern immer zwischen den Beinen, Bein ins Auge, immer unter dem Tisch!

Die ärmsten Hunde erzählen sich unterm Tisch seit alters her eine merkwürdige Geschichte. Irgendwann einmal vor grauen Zeiten soll es einen von ganz oben gegeben haben, von ganz ganz oben, vom Himmel, sagen sie. Der war auch eingeladen, Small talk und Schicki hier und Micki da. Und Küßchen hier und Parfüm da! Der Mann war in der Gegend auch bekannt als Genießer. Schöne Frauen, Fresser und Weinsäufer erzählten sich die Leute über ihn. Kurz, ein Mann wohl von ungeheurem Charme. Und den hat doch eine von den Hunden unterm Tisch angemacht und angequatscht! Einfach wohl mit dem Mute der Verzweiflung an der Kleidung gezogen, wie Hunde das eben so tun. Das ist ihre Art der Kommunikation. Und?

Er hat nicht getreten. Er hat den armen Hund, Pardon, es war eine Hündin, unterm Tisch weggezogen und sie oben an den Tisch gesetzt. Von sich aus. Ein Hund, ein richtiger Hund am Tisch der Reichen ganz oben! Diplomatischer Dinnerempfang mit Mischlingshündin auf dem Stuhl an der Spitze der Tafel. »Nimm und iß!« soll er

Jürgen Fliege – der etwas andere Talkmaster

Der »Pfarradpfarrer«

Erlesene Augenblicke

Neue Lieder braucht das Land

Das Kindlein gut beschützt – Taufe in Aldenhoven

Unsere Kinder sind nicht nur unsere eigenen

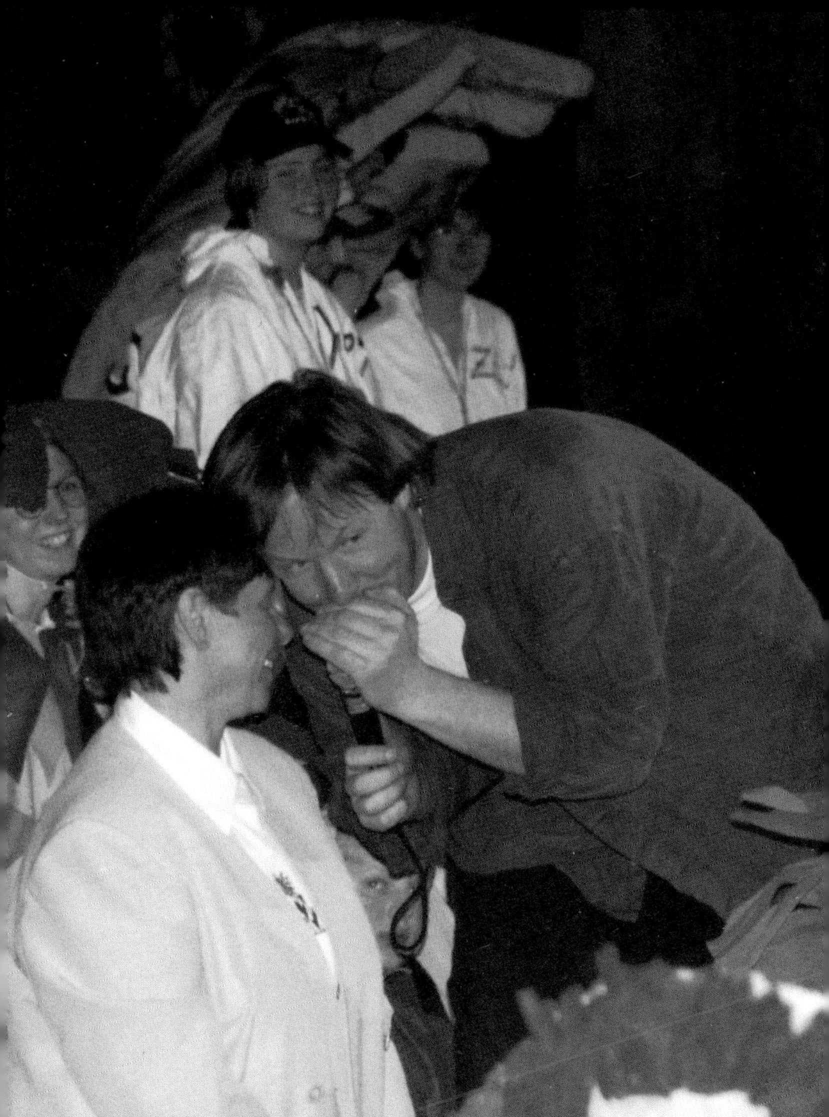

Kindermusicals und Kirchentage

3 nach 4 – Jürgen Fliege in seiner Talkshow

gesagt haben. Ist ihm selbst aber nicht gut bekommen. Armer Hund! Sie haben ihn umgebracht. Aber die Armen vergessen das nie! Und seine Knochen hat nie einer ausgebuddelt.

Zwischen Himmel und Erde bei SAT 1

Mit 20 000 DM Miesen auf dem Konto, die man mit regelmäßiger Arbeit und durchschnittlichem Verdienst auch nicht abarbeiten kann, geht man nicht gerne ins Büro. Da wird man krank und anfällig. Auch für Angebote von SAT 1. Ihr jährlich neuer Programmdirektor wirbt mich an. Er lernt mich bei Verhandlungen kennen und bietet an, daß ich die Tischseite wechseln soll, um nicht kirchliches Programm für die Kirche zu verkaufen, sondern für SAT 1 auszuwählen und einzukaufen. Ich lehne ab. Was soll ich in Mainz bei SAT 1? Was soll ich in deren Studio in Hamburg? Und überdies, ich bin ein Pfarrer und kein Fernsehsenderhauptabteilungsleiter. Ja, wenn es Berlin wäre, da ließe sich drüber reden, schließlich habe ich eine Frau aus Berlin, und es gibt ja ein altes Versprechen zwischen uns. So, wie sie mir nach Aldenhoven gefolgt ist, würde ich ihr auch eines Tages nach Berlin folgen. Doch der Tag ist jetzt da, denn mitten im Winter fällt die Mauer, und SAT 1 beschließt mit der Programmdirektion in die neue alte Hauptstadt zu ziehen. Im folgenden Frühjahr bin ich bei SAT 1. Und die Schulden auf dem Konto sind wie weggeblasen. Macht sich der liebe Gott wirklich »Freund« mit dem Mammon? Bin ich bestechlich? Oder soll ich hier nur lernen, wie und wo der Hase läuft?

Es wird ein furchtbares Jahr. Fast jeden Tag im Flugzeug. Jetzt weiß ich endlich, warum ich Fliege heiße. Das war in der Tanzstunde mit fünfzehn Jahren schwieriger zu verstehen und erst recht zu erklären. Im Hause SAT 1 arbeitet kein Team, sondern es ist ein Kampf jeder gegen jeden, jede Sekunde, jeden Tag. Und zu allem Überfluß sind alle Anstrengungen umsonst, da nicht nur die Grundzüge des Programms beim größten Inhaber des Senders zusammengebraut werden. Ich sehne mich nach einem Pfarramt am Rhein.

SAT 1 kündigt mir per Fax

Die Zweidrittelgesellschaft marschiert. Und ein Drittel, also bald jeder dritte arbeitswillige Mensch unter uns drückt sich auf den Fluren der Arbeitsämter herum. Ich auch, für einen Tag, weil auch ich arbeitslos geworden bin. Und ich schäme mich an diesem Tag, wie vielleicht Millionen neben mir.

Vielleicht ist es die Scham, die mich so tief trifft, daß ich beschließe, hier nie wieder zu landen. Doch wieso schäme ich mich? Wer hat so etwas Merkwürdiges in meine Seele hineingepflanzt, daß ich, das Opfer, mich schäme und der Täter schamlos frei herumläuft?

Was ist das bloß für ein Gesellschaftssystem, das es versteht, denen, die es nicht mehr braucht, zu allem Überfluß auch noch ein schlechtes Gewissen zu machen und ihnen die Schamröte ins Gesicht zu treiben? Was ist das für ein teuflisches System, das uns nicht voller Wut und Aggression zum Knüppel greifen läßt, um damit um uns zu schlagen? Wie die Lämmer sitzen wir da auf der Schlachtbank der Arbeitsämter. Unschuldig! Und bei den Arbeithabenden herrscht die Moral von frühen semitischen Wüstennomaden, die all ihren Frust und ihre Ängste in einer magischen Zeremonie auf ein paar frischgeborene unschuldige Lämmer übertrugen, die dann unter Gejohle in die Wüste gejagt wurden. Unschuldig! Wir sind, wenn überhaupt in unserer menschlichen Entwicklung kaum einen Schritt weiter als vor zweitausend Jahren. Wir suchen Unschuldige, die die Last aller tragen sollen.

Der Chefetage im Sender paßt wieder einmal die ganze Richtung nicht. Die Quoten stimmen nicht. Das Programm stimmt nicht. Was liegt im Fluß näher, als die Pferde zu wechseln. Und da das Wasser SAT 1 immer bis zum Halse stand, glaubten sie sich immer im Fluß. Da lächelte die Chefetage dann die Mitarbeiter an und kündigte ihnen. Und keiner der leitenden Herren in der Runde heulte auf. Es waren Exekutionen, und jeder durfte daran teilnehmen. Mitarbeiter wurden gefeuert, und neue wurden eingekauft. Schließlich kommt das Fernsehen aus Amerika und ist Fast-food-Kultur. Und die Macher sind wohl Einwegflaschen. Ex und hopp! Möglichst ohne Aufhebens.

Als ich mir in dieser Situation einen Anwalt nehme, überbringt mir die eigene Sekretärin prompt das Fax der Geschäftsleitung, mit dem ich fristlos gekündigt werde. Was geht es die Herren an, daß ich weder silberne Löffel geklaut noch mit der Frau des Chefs bzw. seinen Töchtern verkehrt hatte? Was schert es die Herren, daß hinter mir eine Familie steht? Vom seltsamen Ruf eines Pfarrers ganz zu schweigen. Es kümmert sie nicht. Grinsend hatten sie mich zu erpressen versucht, mich mit wenig Abfindung zufriedenzugeben, sonst würden sie sicherlich in meinen Fahrtkostenabrechnungen Pfennigfehler finden, die meine betrügerischen Absichten gegenüber der Firma offen zutage treten lassen würden. Erpressungen müssen ganz am Anfang durchgestanden werden, lehrte mich ein Krupp-Direktor. Also suchten sie, aber gefunden haben sie nichts. Wie denn auch, in der Kirche mußten wir mit Pfennigbeträgen der Witwen treu sein. Das waren Treueübungen hinter dem Komma. Doch mit unbegründeten fristlosen Kündigungen macht man auf die unsauberste Weise leicht reinen Tisch.

Eine gerichtliche Auseinandersetzung lassen sie dann 24 Stunden vorher platzen und zahlen. Ihr Ziel, Menschen fertigmachen zu wollen, beherrschen sie perfekt. Macht das gewalttätige Fernsehen eher die Fernsehmacher gewalttätig als unsere Kinder?

Herumirrender Pfarrer

Während meine Frau ihre Berufstätigkeit notwendigerweise verstärkt, gehe ich aufs Arbeitsamt. Aber was sollen die mit einem Arbeitslosen, der irgendwo zwischen zehn und zwanzigtausend Mark pro Monat verdiente und das Geld auch braucht, um ein kleines Haus abzubezahlen, das er sich aus dem Nichts heraus gekauft hatte, um mit seiner Familie in Berlin leben zu können? Für herumirrende Pfarrer steht kein Pfarrhaus frei. Ich zerriß die Formulare noch auf dem Flur des Arbeitsamtes. Ich war sicher, aufs Arbeitsamt gehe ich nicht noch einmal. Das sitzt zu tief. Aber wo gehe ich hin? Ich kann ja zurück ins rheinische Pfarramt. Wenn nicht gleich heute, so doch in ein paar Wochen. Da ist es warm und gemütlich. Aber ich kann in der Mutter Kirche nicht den biblischen Vater erkennen, der den verlorenen Sohn wieder in Liebe aufnimmt. Wiewohl jeder sehen kann, daß ich unter die Schweine geraten bin, will ich nicht zurück. Zurück unter den Krummstab?

Nein! Ich muß versuchen, das eben erst begonnene Abenteuer Fernsehen weiter durchzuhalten. Jetzt muß ich kämpfen. Freiberuflich arbeiten ist vielleicht die einzige Alternative. Und das bedeutet für mich, Abschied zu nehmen von den hehren Zielen, das Heilige, das in den Kirchen den Menschen vorbehalten wurde, wieder auf die Straße und unter die Leute zu bringen. Mehr als die kleine sonntägliche Sendung »So gesehen« war nicht mehr. Das sollte wohl alles gewesen sein. Fernsehen machen war jetzt nur noch Broterwerb und reine Arbeit. Ich mußte Geld verdienen als Autor, Filmemacher und Berater. Und dabei darf man nicht pingelig sein. Denn die Familie braucht und verbraucht Geld. Und so nimmt der am Anfang so vollmundig angetretene Abstieg unfreiwillig eine nächste Stufe. Ich schreibe Texte für volkstümliche Hitparaden und Unterhaltungs- und Witzshows. Es hilft ja nichts, ich muß arbeiten. Ich muß Geld verdienen und spüre wieder, was es heißt, von sich und seinen Lebenszielen weit entfernt arbeiten gehen zu müssen.

Berlin, Berlin

Privatradio

Wir gehen nicht zurück ins Rheinland. Die Freunde bestärken mich, noch nicht aufzugeben. Ich lebe wieder mehr von ihren Entschlüssen als von meinen. Ich bleibe in Berlin. Während ich mich finanziell notdürftig über Wasser halte, explodiert in der neuen Hauptstadt der Radiomarkt. Privatradios schießen wie Pilze aus dem Boden, und der öffentliche Rundfunk geht ein wie eine Primel. Die Kirche reagiert nicht. Sie hält an ihren traditionellen Morgenandachten fest, die von immer weniger Hörern empfangen werden. Für die Privatradios aber stellt sich die Situation so dar wie vor Jahren beim privaten Fernsehen. Auch hier wird die Kirche als geschäftsschädigend empfunden, wenn sie mit ihrem »Wort in den Tag« den Sendefluß unterbricht. Und es scheint beiden Seiten unmöglich, Kirche im Privatradio wirklich Fuß fassen zu lassen. Wie ein Staubsaugerverkäufer mit einem alten Modell komme ich mir vor, als ich von Privatsender zu Privatsender ziehe, um die Situation auszuloten. Und erst »RS2«, der aus dem Rias hervorgegangen ist, läßt sich auf einen Versuch ein.

Dämmerung

Wer mit dem Himmel nicht kann, soll sich an die Statistik halten. Auch die enthält Spuren der anderen Wirklichkeit, die wir den Himmel nennen. Die Hebamme hat sie aufgezeichnet. Warum werden so viele Kinder während der morgendlichen Dämmerung geboren? An der Stelle bin ich ganz normal. Zwischen vier und fünf im März geht im Bergischen Land, wo ich herkomme, die Sonne auf. Warum sterben auffällig viele Menschen gegen morgen, wenn die Sonne mit ihrem ersten Schein die dunkle Nacht vorsichtig erhellt? Warum liegt der Schwerpunkt ihrer nächtlichen Träume nicht mitten in der Nacht, sondern hier, am Rande des Aufwachens? Und warum stehen die Brüder und Schwestern vieler Ordensgemeinschaften aller Religionen, Christen, Buddhisten, Muslime nicht erst um acht zum Frühstück auf, sondern vor Sonnenaufgang? Ist da ein irgendwie geartetes Fenster offen für Erfahrungen mit der anderen Wirklichkeit? Reisen da vielleicht die Botschaften und Engel intensiver? Der Dalai Lama jedenfalls geht abends gern um acht ins Bett, damit er nach Mitternacht gegen zwei alles besser mitkriegt.

Das habe ich im Kopf, »als mich in Berlin der Programmdirektor von RS2 fragt, ob ich mir vorstellen könne, auch morgens zwischen fünf und sechs live auf Sendung zu gehen. Gut, ich bin kein Langschläfer! Aber jeden Morgen um fünf Uhr aufstehen? Traue ich mir das zu? Geht denn nicht irgendein Tonband? Ich traue mich das gar nicht zu fragen. Ric, der Programmdirektor, hat ein paar Jahre Vietnam hinter sich und fordert von seinen Leuten vollen Einsatz. Okay, sage ich, ich komme! Mit irgendeiner Pop-Moderatorin soll ich gemeinsam Programm machen.

Der Sonnenaufgang scheint nicht unwichtig zu sein für das, was wir so jeden Morgen hier anstellen sollen. Um Sonnenaufgang kommen unverhältnismäßig viele Kinder auf die Welt. Bestätigt Ihnen jede Hebamme! Boris und Babs Beckers Sohn kam zwischen acht und neun. Und um 8 Uhr 18 ging an diesem Tag die Sonne auf.

Und wenn mich Angehörige fragten, wann denn Vater, Mutter, Freund oder Freundin stirbt und wann man sich eventuell irgendwann eine Mütze voll Schlaf holen könnte, dann habe ich immer gesagt: Schlafen Sie, wann Sie wollen, aber nicht, wenn der Tag geht oder die Nacht kommt. Und erst recht nicht gegen Sonnenaufgang. Alles hat seine besondere Zeit. Sonnenaufgang ist die Zeit des Aufbruchs! Und wer geboren wird oder in die andere Wirklichkeit geht, der bricht auf! Einmal ganz und jeden Tag wieder!

Vielleicht mache ich um diese Zeit nicht sehr viel anderes mit den Hörern, als ihnen die Sonne zu zeigen! So wie ein Fremder in den Hühnerstall seines Freundes tritt und unter all den pickenden Hühnern und Hennen auf einmal einen jungen Adler entdeckt. Ein Adler, der da eingesperrt pickt und pickt und offenbar selber nicht mehr weiß, daß er nicht dahin gehört, selber nicht mehr weiß, wer er eigentlich ist. Und sogar der Hühnerhalter sieht in ihm das blöde Huhn. Sicherheitshalber hält er ihm eine Hand voller Körner vor. Freiheit oder Hühnerfutter? Und er lacht und spottet, als das Vieh auf ihn zukommt, und pickt und pickt und pickt. Nix Adler! Nix Freiheit! Fette Henne und irgendwann Pfanne! Nix Adler! Eher

Gockel, wenn überhaupt! Und so abhängig gemacht mit regelmäßigem Futter. Mit Trott, Beruf und Angewohnheiten. Nix Adler, keine Spur!

Und wenn man nun das vermeintliche dumme Huhn nimmt und es festhält, den Kopf, die ganze Aufmerksamkeit des Tieres auf die aufgehende Sonne richtet? Was dann? Wenn sie raufzieht über den Horizont, dann geht ein Zittern durch die Knochen. Da kommt eine uralte Erinnerung, die scheinbar längst vergessen ist, hoch und leuchtet auf ein altes Bewußtsein.

Und jetzt kann ich Sie nicht mehr festhalten, nicht wahr? Mehr wollte ich auch nicht. Mehr kann ich auch nicht. Die Sonne und ihr morgens neu erwachtes Bewußtsein, daß Sie hier von Anfang an eine bestimmte Aufgabe haben, die Sie suchen und finden werden, sind stärker als Futter und Ketten.

Ich mache Radio. Wie Jahre zuvor schon in Bayern Hunderte von kleinen frommen Minutenspots zum späten Abend. Der gewaltige Unterschied ist, daß ich es hier live machen muß. Und jetzt genau das Umgekehrte: Worte zum Aufstehen. Das muß etwas ganz anderes sein als zwölf Stunden vorher. Alles hat seine Zeit. Also hat auch jede Zeit ihre besondere Botschaft.

Jeden Morgen um kurz nach fünf muß ich aus dem Bett, um live im Radio über eine Stunde hinweg zu den Menschen in Berlin und Brandenburg zu reden. Präsenzpflicht, wie das im Pfarramtsdeutsch heißt, wo der Pfarrer ja wirklich gezwungen ist, in seiner Gemeinde nicht nur zu arbeiten, sondern auch wirklich dort zu leben. Warum man ausgerechnet bei Radiopfarrern die Ausnahme macht, verstehe ich nicht. Vielleicht weil es zu mühevoll ist, morgens in aller Frühe aus den Federn zu kommen? Und so quäle ich mich über fast ein Jahr zwischen Tau und Tag aus dem Bett, fahre im kalten Diesel durch das stille Berlin, begrüße im Sender die bleichen übernächtigten Gesichter der Mitarbeiterinnen und Mitarbeiter, setze die Kopfhörer auf und begleite mit einer wunderbaren Kollegin unsere Zuhörer in den Tag. Wer will, ruft den Pfarrer im Radio an. Wer mag, telefoniert mit mir sogar öffentlich über den Sender. Und wer mich unter vier Ohren braucht, redet mit mir am Morgen in der Stille.

Es dauert keine zwei Monate, da wirbt die Radiofirma RS2 mit ihrem Pfarrer. Die Kollegin und ich, die wir über meine »Gedanken zwischen Tau und Tag« reden, sind Mediengesprächsthema der Stadt. Sogar als ich schon in München »Fliege« produziere, ruft der Sender in meinem Hotel an, und wir telefonieren live über Antenne in die Radios unserer Zuhörer hinein.

Und ich kann einmal mehr nicht verstehen, wieso die Großinstitution Kirche nicht längst darauf gekommen ist, jedem Sender einen Geistlichen zuzuordnen und ihr Evangelium nicht mehr als Konserve, sondern nur noch tau- und tagfrisch unters Volk zu bringen. Die fünf Brote und zwei Fische aus dem Neuen Testament wurden ja auch nur frisch wirklich genossen. Als wenn die »Botschaft der Kirche« wirklich 2000 Jahre alt wäre und nur noch per Konserve überleben könnte.

Der Morgen ist der Kopf des Tages

Der Wecker klingelt so um fünf! Ich muß wieder raus. Radio machen. Irgendein geistliches Wort am Morgen soll ich finden. Vielleicht wird mehr daraus, wenn ich im Sender bleibe, um mit den Hörern zu telefonieren: Hörertalk! Ich will einfach ein Mensch für Menschen am Morgen sein. Mehr nicht. Live auf dem Sender. Ich weiß zu diesem Zeitpunkt noch nicht, daß ich hier und heute morgen zum erstenmal einen Satz ausprobieren werde, mit dem ich jetzt in jeder U-Bahn, in jedem Café, am Strand und in jedem Krankenhausflur begrüßt werde. Ich werde ihn sagen, wenn ich mich gegen sieben Uhr von den Hörern verabschiede und sie quasi in ihren Tag schikke: *Passen Sie gut auf sich auf!* Der einzige, der wirklich an Ihnen zweifelt, sind Sie oft selber. Sie sind für uns alle wichtiger, als Sie selbst denken. Es geht ja nicht an, daß wir die letzte Kröte auf die Rote Liste der aussterbenden Arten tun, weil sie uns wichtig ist, und Sie außen vorlassen. Deshalb entsteht dieser Gruß, der gleichzeitig ein Wunsch ist: *Passen Sie gut auf sich auf!*

Im Studio wartet Karin, die Moderatorin. Es geht los: lockere Begrüßung, Musik, das Thema, Schlager, Staus und Wetter. Hörer am Telefon, Gespräche, die über den Sender gehen, und welche, die nur in meinem Kopf hängen bleiben. Es geht los. Und es geht los für Wochen und Monate.

Was tun wir hier eigentlich, daß man später so viel Aufhebens davon macht: Presse, Funk und Fernsehen? Was tun wir denn Besonderes, daß die Menschen neben allen Tag und Nachtgeschichten, die sie dann mit uns am Telefon teilen, mit ihrer Dankbarkeit antworten? Wir tun etwas ganz Einfaches. Wir suchen nach ein paar Worten, nach ein bißchen Geist und Esprit, nach ein bißchen Vernunft, um dem Tag einen guten Start zu geben. Es ist schließlich der erste Tag vom Rest unseres Lebens.

Was machen wir hier eigentlich? Wir sagen einfach nur, wie es ist. Mehr nicht! Wir sagen nur: Es ist schwer aufzustehen. Für manchen sogar verdammt schwer! Jeden Tag, jeden Tag, jeden Tag wieder! Wir nehmen uns vorsichtig bei der Hand und sagen: Komm! Komm, wir packen es auch heute! Es ist wie eine Verabredung von hunderttausend einzelnen, die alle ziemlich allein aufstehen und die in diesem Augenblick wissen, sie sind nicht allein. »Fliege« verbindet! Gemeinsamer Start! Geteiltes Leid! Und für die Frau, die während der Nacht in einem Meer von Schmerzen gelegen hat, sind wir wie rettendes Ufer: die ersten Menschen am Morgen, mit denen man sein Leid teilen kann. Menschen, die ein Ohr für sie haben.

Und dann gibt es auch noch das alte Wissen aus Sodom und Gomorrhas Tagen, daß eine Familie, eine Stadt und ein Land nicht untergehen wird, wenn in ihr nur ein Haufen Gerechte, ein Haufen guter Leute, für ein gerechtes und gutes Leben einstehen. Mehr nicht! Und dieses Salz in der Suppe, diese paar Körner, die der ganzen Sache ihren Charakter geben, dieses Salz aus oft vom Leben enttäuschten und versteinerten Herzen wieder freizuwaschen, daß es wieder salzt, das machen wir hier, das will ich. Daran arbeite ich. Darum stehe ich jeden Morgen auf und entdecke, daß Geistliche live sein müssen, wenn sie etwas vom Leben verstehen wollen. Konservengeistliche haben wir genug.

Einen »Geist« will ich wieder in der Familie wecken. Ein guter Geist reicht, um die ganze Familie zu verändern und letztlich zu retten. Auch wenn das oft genug anders auszusehen scheint. Einer reicht! Ich sag's Euch! Einer reicht im Büro, in der Abteilung. Einer, der so schnell nicht anzustecken ist von jeder Meckerei. Einer, der bei der dunklen Seite einer Geschichte nach der hellen Ausschau hält. Both sides of the story! Wo Schatten ist, ist auch Licht! Einer muß es sehen und sich anstrahlen lassen. Das reicht! Ein paar Prozent so erleuchteter vernünftiger Leute in Stadt und Land reichen. Und man erzählt, daß der eine Leuchtende die anderen in der Stadt sogar erkennt. Ganz ohne Parole, einfach nur an der Ausstrahlung! Sie sind also nicht allein unterwegs! Nie und niemals! Es paßt immer jemand auf Sie auf. Egal, wie weit Sie schon in den Tag gekommen sind, ob zuallererst am Morgen Ihre Ohren uns von weit her noch wahrnehmen oder ob Sie schon die Augen auf haben, schon unter der Dusche stehen oder die heiße Tasse Kaffee in den Händen halten: Es ist die Zeit, in der Sie sich ausrüsten für diesen Tag: Hosen, Termine, Zahnpasta, Pläne: Alles und alle beisammen haben ist wichtig, selten so wichtig wie jetzt, wo Sie sich ausrüsten für die Expedition in diesen Tag hinein! Wenn Sie jetzt etwas Wesentliches vergessen, können Sie den Tag gleich mitvergessen.

Der besondere Montag

Montag ist immer ein schwieriger Tag für mich. Das war es schon als Schüler. Der Montag drückte schon den

Sonntagabend zusammen. Montag und dann die ganze Woche wieder mitten in der Nacht aufstehen! Es geht wieder los mit dem Radiomachen! Aber zur Glaubwürdigkeit eines Menschen, den man auf Dauer an seiner Seite duldet, gehört auch das Teilen von Schwierigkeiten. Also, warum soll ich es vor den Hörern nicht zugeben? Also rede ich, als die rote Studiowarnleuchte aufflammt und das Mikrofon offen ist, von mir: Montag ist meistens schwierig! Weiß ich! Geht mir nicht anders. Die Seele wehrt sich, wieder mal verkauft zu werden. Sie träumt noch vom vergangenen Wochenende. Und unter den seelenlosen Händen entstehen »Montagsautos«, »Montagsakten« und »Montagsunfälle«. Da eine Schraube zu wenig, da ein Vermerk vergessen und da eine Ampel nicht beachtet. Einfach, weil die Seele noch Urlaub macht vom Ich. Der Kopf und das Herz sind noch nicht zur Arbeit gegangen. Die hocken noch irgendwo. Dagegen ist Gott sei Dank kein Kraut gewachsen. Die Seele eines Menschen läßt sich nicht so leicht kommandieren wie der Körper. Die funktioniert nicht auf Knopfdruck. Und sie hat ihr eigenes Tempo.

Da kann der Chef toben, wie er will! Da können Sie selber toben, wie Sie wollen. Von wegen: »Nimm dich mal zusammen!« Das meint das nämlich: zusammennehmen; Leib und Seele zusammen nehmen, damit etwas Vernünftiges aus mir rauskommt. Körper und Seele nicht verschiedene Wege gehen lassen. Der eine auf Arbeit, die andere auf Urlaub! Aber Zusammennehmen geht nicht auf Kommando. Geht nur so, wie eine Familie meinetwegen beim Spazierengehen auf ihr langsamstes Kind wartet. Der Schnellste muß einfach ein paar Augenblicke warten.

Und wenn Sie solche Montagsprobleme kennen, dann gibt es nur ein Heilmittel. Nicht zusammennehmen, das funktioniert nicht! Sondern warten und irgendwo am frühen Montagmorgen auf dem Weg zur Arbeit schauen, ob man sie schon alle beisammen hat, die zu einem gehören, den Körper und die Seele. Einen Augenblick nur für sich da sein. Und in sich reinschauen und die Seele fragen: Na, Liebes, können wir? Oder brauchst du noch Zeit? Allein dadurch, daß Sie sich nach ihr umschauen und auf sie warten, holt die Seele auf. In einer Geschwindigkeit, die sie den ganzen Tag über nie erreicht, wenn sie Ihrem Körper, der seelenlos zur Arbeit ging, nachhechelt. »Sich zusammennehmen« ist dann im Grunde nichts anderes als Rücksichtnahme auf sich selbst. Wie jetzt am Montag der Körper auf die Seele.

Wenn man einen Zeitpunkt in der Woche sucht, wo es den meisten von uns klar wird, daß wir hier in einer verrückten Welt leben müssen, dann ist das Montag morgen! Jetzt! Die Seele will nicht! Wie ein unter Schmerzen abgerichtetes Tier läßt es sich jeder gefallen, wieder das Zaumzeug zwischen die Lippen zu kriegen und den Karren zu ziehen! Nur, die Gedanken, die Gedanken bleiben frei:

Was soll eigentlich der Unsinn, wieder Unsinn machen zu müssen? Kaum einer von uns beginnt doch in diesen Minuten eine Arbeit, die ihm guttut, heilt und ihm und anderen hilft? Allen und der ganzen Welt! Statt dessen verrückte Arbeit und verrückte Welt! Chemiearbeiter, die mit Chemie die Welt noch mehr verpesten, mit Autoabgasen diesen Planeten langsam hinrichten, als Lehrer Kinder in der Schule in genormte Größen abpacken, damit sie nicht weiter auffallen etc. etc. Ganz zu schweigen davon, daß die meisten von uns eine Arbeit tun müssen, deren Unsinn unmittelbar auf der Hand liegt.

Verrückte Arbeit, die man zu allem verrückten Überfluß auch noch da und dort liebhat. Verrückte, fremde Welt! Wo liegt da der Sinn? Fragen, die keine vernünftigen Antworten bekommen. Fragen, die, weil sie offen bleiben, vielleicht eher darauf hinweisen, daß wir uns hier in dieser Welt nicht richtig auskennen. Fragen, die deutlich machen, daß unsere Seele in so einer verrückten Welt nicht zu Hause ist. Entfremdet, in der Fremde leben bzw. überleben! Das ganze Leben eine einzige Survival-Aktion! Und umgekehrt dann: Zuhause sind wir immer nur da, wo wir nicht fragen müssen. Beim Lieben und Liebe machen. Bestes Beispiel! Haben Sie da jemals gefragt? Sehen Sie, da ist man zu Hause! Wo man nicht fragt! Und jetzt geht das schon wieder los: arbeiten und keine Antwort darauf haben. Höchstens Geld! Schweigegeld!

Jetzt fehlt nur noch ein Gedanke: Eigentlich müßten Sie eine ganz andere Arbeit tun! Eine, die nicht so verrückt und entfremdet ist. Eine Arbeit, die Sie verändert. Warum tun Sie die eigentlich nicht? Eine Arbeit, die Sie und andere und diesen Planeten heilt! Warum tun Sie die nicht? Eine Arbeit am Abgrund, zugegeben! Mit den letzten Kräften, die Sie übrig haben! Jeder muß alles einsetzen, was er hat. Das wäre ein Leben! Schließlich werden wir in den nächsten Jahren immer weniger entfremdete Erwerbsarbeit haben. Da werden doch Kapazitäten frei für die eigentliche Arbeit auf Erden? Und den Dreck, den wir dabei schlucken müssen, verwandeln wir wie die Muscheln mit den Jahren zu Perlen: Dreck! Er hat uns fast verrückt gemacht, dieser Sand im Getriebe unserer Seelen. Aber wir haben was daraus gemacht. Und Sie sind mit dabei! Bitte!? Eine kostbare unsichtbare Perlenkette!

Freitag, der 13.

Und Freitag ist Feierabend! Freitag ist für mich wie eine Erlösung von dem Streß des nächtlichen Aufstehens, wo ich längst aus dem Bett und in der Stadt bin, während die Familie noch schläft. Dann und wann bring ich Schrippen mit, die in München noch Semmel hießen und in Aldenhoven Brötchen. Und einmal brachte ich am sechsten Dezember auch einen leibhaftigen Nikolaus aus dem Radio mit und überraschte meine Frau und meine beiden Töchter im Morgenrot mit dem seltsamen Heiligen. Aber nichts sehnte ich so herbei wie den Freitag. Freitag war ein ausgelassener Feiertag. Ganz gegen die uralte Tradition der Christen.

Und dann auch noch Freitag, der Dreizehnte! Wobei die Dreizehn sowohl eine Pech- und Unglückszahl als auch eine Glückszahl ist. Wenigstens wenn man mal darauf achtet, wie mit ihr umgegangen wird: Manche Fluggesellschaften bauen sicherheitshalber schon gar keine dreizehnte Sitzreihe mehr in ihre Maschinen ein. Man weiß ja nie! Oder der Passagier weiß nicht! Im Zweifelsfall ist der abergläubische Mensch immer der andere! Man kann sich da besser verstecken. In manchen amerikanischen Wolkenkratzern gibt es sogar keinen dreizehnten Stock! 10. 11. 12. 14. 15. Als wenn das Unglück zu dumm zum Zählen wäre. Und woher kommt dieser Aberglaube, dieses

Gefühl der Unsicherheit? Einbildung oder Bildung? Daß zwölf eine uralte heilige und daher göttliche Zahl war, entdeckten als erste wohl die Ägypter und Babylonier mit ihren astronomischen und astrologischen Berechnungen. Da war noch keine Rede von zwölf Aposteln zum Beispiel und erst recht keine Rede von unserem heutigen Kalender mit seinen zwölf Monaten und auch noch keine Rede von den viel, viel älteren zwölf Stämmen Israels, als die Zwölf schon als eine Zahl galt, die wohl irgendwie den Kosmos regieren mußte. Und Israel und viele griechische Stämme haben sich vor drei-, viertausend Jahren schon immer zu zwölfen zusammengeschlossen, um gemeinsam zu kämpfen und zu überleben. Zwölf, das bedeutet die Ordnung Gottes, die Ordnung der Natur zu wiederholen, zu imitieren. Zwölf war gut! Zwölf war heilig! Und blöd war da, wenn ein dreizehnter Stamm auf einmal auch dazugehören wollte. Der warf die ganze schöne Ordnung über den Haufen. Der brachte Unruhe mit. War man mit zwölf schon quasi heilig gesprochen, brachte der dreizehnte das ganze Unheil mit sich. Schöne Bescherung! Und daß sich das als Gefühl und Ahnung in unseren Traditionen und Herzen überhaupt gehalten hat, spricht dafür, daß der Zahl 12 in der Tat eine irgendwie ordnende Funktion zukommt. So wie allen Zahlen, die wir kennen, eine bestimmte Bedeutung zukommt. Und so imitieren die zwölf Jünger die heiligen zwölf Stämme Israels. So weit, so harmlos!

Weniger harmlos ist, daß in Zeiten vor unseren patriarchalischen Zeiten, vor der nur scheinbar ewigen Männerherrschaft im Himmel und auf Erden, es offenbar auch im griechischen Raum ein Patriarchat gab, das im damals noch dreizehnten Monat des Jahres die überflüssig gewordenen Männer zum Umbringen freigab. Keine schönen Aussichten damals für unsereins! Was sagt uns das? Seitdem die Männer herrschen, kann man sich ruhig am 13. in Reihe dreizehn im 13. Stock setzen. Denn den 13. Monat gibt es nicht mehr. Und zwölf Heilige gegen einen finden sie auch nicht mehr. Schade oder nicht.

Da kommt's her! Aber durch Wissen allein bannt man keine Angst. Ängste bannt man aber nicht durch Verdrängen und Reihe dreizehn weglassen. Ängste bannt man durch ein ebenso tief reichendes Erleben: durch Fest, Gesang, Gebet und Tanz, die das Leben feiern.

Die Taube

Ich bin der Seelsorger der großen Stadt geworden. Springt ein Kind im Zensurenstreß vom Hochhaus, ruft die Zeitung nach einem Trostwort. Sogar die Polizeioberen, die morgens Radio hören, überlegen, ob ich, ganz neben der offiziellen Kirche her, im möglichen Katastrophenfall nicht auch benachrichtigt werden müßte. Die Stadt entdeckt die Seelsorge neu.

Seelsorge brauchen nur solche Menschen, denen gerade jede Orientierung abhanden gekommen ist. Jetzt brauchen sie einen Menschen an ihrer Seite, der sie nicht führt, sondern solange stützt, bis neuer fester Boden unter ihren Füßen spürbar wird. Seelsorge muß daran arbeiten, aus der Erfahrung und Erinnerung des verloren empfindenden Menschen Erfahrungen herauszuwaschen, die wieder Orientierung sein können. An der Orientierungslosigkeit gehen wir verloren. Also suche ich mit den Verlorenen nach Bildern und Erfahrungen, die stützen.

Da sitzen Sie nun und fragen sich verzweifelt, sollen Sie sich von ihrem Partner trennen oder bei ihm bleiben. Da fragen Sie sich Tag für Tag, soll ich laut schreien und es dem Chef endlich offen ins Gesicht sagen, daß er ein altes A... ist, oder soll ich weiter stumm bleiben und schweigen. Aber wie Sie es auch drehen und wenden: Sie finden keine Antwort. Es wird alles nur schwerer! Sie können sich nicht entscheiden. Welcher Weg ist richtig? Was hat das alles für Konsequenzen, und wer soll sie tragen? Was ist zu tun? Lernen Sie doch von den Tieren! Denn wie Sie sich in ihren Lebenskrisen richtig entscheiden, das zeigen uns die Brieftauben. Die haben die richtige Technik. Die sind die wahren Meister richtiger Entscheidungen. Die finden aus jeder Situation den richtigen Weg. Die Brieftauben können Sie ja bekanntlich in die totale Orientierungslosigkeit schicken, wo kein Mensch weiß, wo Osten, Westen, Süden oder Norden ist und wo einem der Kopf steht. Da steigen die Tauben auf, drehen ein paar kurze Runden über der Fremde und treffen sekundenschnell die richtige Entscheidung: Sie ziehen dahin, wohin sie hingehören! Wie machen sie das nur? Brieftauben entscheiden nicht nach guten Argumenten und mit dem schweren grübelnden Kopf wie wir Menschen, sondern irgendwo aus dem Bauch und aus ihrem Instinkt heraus. Und das ist oft verblüffend richtig. Doch genau das können Sie lernen. Brieftauben sind schließlich unsere »Schwestern und Brüder«. Wir haben nämlich nicht nur verwandten Knochenbau und Glieder, sondern auch verwandte Seelen. Und Brieftauben lieben die Heimat wie wir. Es muß auch bei ihnen ein unsichtbares Band der Liebe geben: von der einzelnen Taube zum Taubenschlag und von der Heimat zur Taube. So komisch und romantisch das auch klingen mag. Andere, mehr physikalische und neurologische Erklärungen haben sich alle als nichtig erwiesen. Und dieses Band spannt sich in der Fremde wie ein Gummi und zieht die Tauben aus jeder Krise und Orientierungslosigkeit.

Also nachmachen! Was uns dazu nur fehlt, ist ein Orientierungspunkt. So was wie eine gute Heimat, wo man instinktiv spürt, da gehöre ich hin. Da will ich hin, weil man vielleicht daher kommt.

Wenn man es nicht spürt, weil es keine Mutter oder keinen Vater gab, der das Gefühl dafür vermitteln konnte, dann baut man sich die Heimat eben selbst. Irgendein Bild muß man von sich entwerfen. Irgendein Bild von sich, das man liebt. Eine Vorstellung von sich, die man vor sich hinstellt. Ein Bild, wie man sein will, an dem man hängen könnte, wonach man sich sehnt. Und womit man sich im Himmel und auf Erden auch sehen lassen kann. Ein Stück persönlicher Himmel fürs Leben! Der Himmel ist der Taubenschlag der Menschen!

Und jetzt kommt es darauf an, ihn liebzugewinnen, ihn, den Himmel oder das himmlische Bild. Langsam, aber sicher! Immer mehr! Und damit das unsichtbare Band zu knüpfen, das Sie dann mit Ihrer Vorstellung von sich und dem Himmel verbindet. Das dauert. Sich vertraut machen, braucht immer seine Zeit. Es ist eine Arbeit wie »zähmen«. Sie muß jeden Tag passieren und muß belohnt werden. Und man beginnt so zu leben, daß man damit leben kann!

Was jetzt noch fehlt, ist nicht viel. Immer wenn Sie in eine Krise geraten, spüren Sie die Spannung ganz deutlich. Sie liegt in der Luft, sie erfüllt Sie mit Unruhe und Nervosität. Ihre ganze Umgebung ist voll davon. Das Band der Liebe funktioniert und signalisiert Ihnen Krise! Erinnern Sie sich jetzt an Ihr Bild, das Sie im Himmel von sich gemalt haben. Suchen Sie sich das Bild, das Sie von sich sehen wollen. Bauen Sie es meinetwegen in Wirklichkeit sichtbar vor sich auf. Ein Foto, eine Erinnerung, Bilder der Eltern und Kinder, so wie viele unter uns solche heimlichen Altäre der Ausrichtung an der Arbeitsstelle aufbauen, um sich ja nicht in Arbeit und Streß zu verlieren. Und richten Sie sich jetzt wie die Taube danach aus. Und dann gehen Sie ihm entgegen. Entscheiden Sie jetzt und in dieser Stimmung. Das unsichtbare Ziel, das in meiner Sprache Himmel heißt, reißt Sie aus aller Unsicherheit. Es nimmt ihnen allen Zweifel. Zugegeben, es fordert oft all Ihre Disziplin und all Ihre Kraft. Aber Sie sind ja auf dem Weg dahin, wo Sie immer schon hinwollten.

Die Sonne

Immer wieder suche ich nach Anknüpfungspunkten in der Erfahrung meiner Hörer. Es hat keinen Zweck, sie mit meinen Erlebnissen zu konfrontieren. Das haben der Komiker Otto und all die anderen, die kirchliche Verkündigung karikiert haben, spöttisch vorgemacht. Sie sind die Lehrer der neuen Art, mit den Menschen zu reden. Was erlebt der Hörer? Was erlebt er jetzt, wenn ich zu ihm in der Dämmerung spreche? Wo kann ich anknüpfen? Beim Warten auf den Sonnenaufgang!

Genau in zwei Stunden geht die Sonne auf! 6 Uhr 10 zu 8 Uhr 10! Und wenn man etwas über das wahre Leben erfahren will und wie es funktioniert, wie man es wieder entdecken könnte, wo man sich schon verloren glaubt, dann müßten wir als Abkömmlinge auch dieses Planeten den Sonnenaufgang einfach ein wenig »kopieren«. Von der Sonne lernen, heißt strahlen lernen! Und daß Leben strahlen bedeutet, Ausstrahlung und sonst nichts! Und daß jedes Lebewesen sie hat. Ausstrahlung, Aura, ist mir egal, wie Sie das nennen. Nur spüren will ich sie. Mal verborgen wie hinter Wolken, mal offen wie der blaue Himmel, mal auch nur Wärme, die übriggeblieben ist von einem lebendigen Leben. Strahlen!

Und wie Sie heute in den Wald voller Menschen hineinstrahlen, so strahlt es zurück. Und nur so! Und nur wie Sie strahlen, wird auch etwas wachsen. Da können Sie mit den stereotypen Talenten »Zäh wie Leder, flink wie Windhunde, hart wie Kruppstrahl« daherkommen oder »beinhart«, wie Werner sagen würde! Okay, Sie werden 'ne Menge erreichen. Selten hat einer so viel kaputtgemacht wie der, dessen Motto das ja mal war. Aber überleben oder gar wachsen wird unter diesen Füßen und Händen nichts.

Es kommt alles auf Ihre Ausstrahlung an. Ihre Wärme, Ihre Fähigkeit, zu lieben. Wenn Sie sich die vergegenwärtigen, ernten Sie die merkwürdigsten Reaktionen. Dietrich Bonhoeffer, der Gegenpol zu Hitlers »Zäh wie Leder, hart wie Kruppstahl« sinniert in seiner KZ-Zelle:

»Wer bin ich? Sie sagen mir oft,
ich trete aus meiner Zelle
gelassen und heiter und fest
wie ein Gutsherr aus seinem Schloß.
Wer bin ich? Sie sagen mir oft
ich spräche mit meinen Bewachern
frei und freundlich und klar
als hätte ich zu gebieten.«

Das ist Bonhoeffer. Aber der ist nicht wesentlich anders als Sie. Es kommt nur darauf an, daß Sie anfangen, vielleicht als erster oder erste entdecken zu müssen, daß das Interessanteste an Ihrem Leben Ihre Ausstrahlung ist. Das, was alles bringt. Wie wollen Sie von anderen Menschen erwarten, daß die am besten nur ihre Schokoladenseite sehen, wenn Sie sich ihr selbst nicht zuwenden. Den ersten Nebel, den Ihre Wärme durchdringen muß, sind immer Sie selbst. Und wenn das geschafft ist, bin ich wegen der zwei, drei oder auch ein-, zwei-, dreihundert andern nicht mehr bange. Lieben lernen, heißt Siegen lernen!

Die ARD-Talk-Show

Alte Kameraden

Freunde aus alten SAT 1-Tagen basteln ohne mein Wissen fern von mir in München an neuen Fernsehaufgaben. Ich weiß zwar, daß ich dabei irgendeine Rolle spielen soll. Aber welche, weiß ich nicht. Das wird mir erst klar, als mich der ehemalige Programmdirektor von SAT 1 nach München bittet, um mit mir zu reden. Es geht um eine tägliche Talk-Show nach amerikanischem Vorbild, wie sie jenseits des großen Teiches seit 25 Jahren schon auf Erfolgskurs sind und RTL sie mit Hans Meiser äußerst erfolgreich abgekupfert hat. Mir bleibt die Spucke weg. »Ich mache so etwas nicht«, denke ich: »Denn ich mag nicht, was Meiser da macht.« Aber schon aus alter Freundschaft fahre ich zum Gespräch nach München.

Probe mit Stroh

Im Flugzeug werde ich nachdenklich. Mehr oder minder waren wir beide ja rausgeworfen worden. In der Sprache der Wirtschaft aber heißt das, man habe sich in beidseitigem Einvernehmen getrennt. Wir, das waren der ehemalige Programmdirektor von SAT 1 und ich. Er würde als Fernsehproduzent arbeiten, und ich wollte auch noch nicht in den Schoß der Mutter Kirche zurückkehren. Da fehlten mir noch ein paar Abenteuer. Und Canossa-Erfahrung hatte ich schon reichlich. Aber was er mir da zum erstenmal vorschlug, mit mir eine tägliche Sendung zu produzieren, hielt ich schon für verrückt. Und mehr ihm zu Gefallen als mit einer konkreten Hoffnung fuhr ich auch später ins Studio, um für ihn einen »Piloten« zu produzieren. Piloten sind Probesendungen, die der Fernsehanstalt dann zur Begutachtung und Entscheidungshilfe angeboten werden. Ich wollte nicht. Die Themen der Nachmittagstalks waren mir nicht tief und ergiebig genug. Und dann traf ich auf eine Bühne, auf die man als »Übungs-Gäste« Männer eingeladen hatte, die Priester spielen und von ihren Schwierigkeiten erzählen sollten, mit dem Zölibat zu leben. Ich lehnte ab. Aber nicht aus dem Grund, weil ich das Zölibat für einen Segen halte. Da war ich eher auf seiten des heiligen Valentin.

Das ist jener Mensch, der am 14. Februar Geburtstag hat und der im dritten Jahrhundert im römischen Reich lebte. Er war damals Bischof geworden und lag mit dem damaligen Kaiser und seinen Senatoren ständig über Kreuz. Der Kaiser verlangte nämlich von seinen jungen Soldaten, daß sie zölibatär lebten, also wie die katholischen Priester von heute nicht heiraten sollten. Warum? Fragen Sie Ihren Priester! Weil man eben eine Armee und ein Offizierschor ohne Familie viel leichter durch die Weltgeschichte kurven lassen kann als Väter mit Frauen und Kindern. Ist doch klar: Als Vater überlegst du es dir dreimal, ob das, was der Kaiser dir da befiehlt, statt Mut nicht doch eher Leichtsinn ist. Als Ehemann oder Geliebter überlegst du es dir dreimal, ob du nicht doch lieber für deine Braut statt für den Kaiser sterben möchtest. Also: Zölibat! Nix große Liebe! Dem Sex kann man an jeder Straßenecke abhelfen. Aber Liebe? Make war not love!

Aber da war der Bischof Valentin vor. Heimlich traute er im Untergrund die Soldaten mit ihren jungen Bräuten! Make love not war! Mann für Mann und Frau für Frau, subversiv im Namen der Liebe! Liebe lähmt das Kriegsgeschäft, eigentlich jedes Geschäft. Und so verlor der Bischof Valentin auch im Namen des Kriegskaisers Claudius seinen Kopf. Und wurde zum Märtyrer. Zum Blutzeugen dafür, daß Liebe wichtiger ist als das Zölibat!

Wenn das doch nur der Papst wüßte! Oder die ganzen anderen Päpste dieser Welt, die ihre Firma und das Glück ihrer Firma höher hängen als die Ehe ihrer Mitarbeiter?! Wenn das doch nur die Mitarbeiterinnen und Mitarbeiter wüßten, daß die Liebe wichtiger ist als die Stechkarte, die uns Männer oft genug zu zölibatärem Leben verurteilt!

Wen oder keinen?

Die Talk-Show-Bühne für den »Piloten« ist in Augsburg aufgebaut. Fragt sich nur, wer der Moderator ist. Bettina Rust, die ganz erfolgreich bei Premiere den TV-Hörertalk im Fernsehen versucht, oder Jürgen Fliege. Wir beide sind übriggeblieben im Moderatoren-Sieb. Und bevor es nun in die letzte Runde geht, ist »Warming up« angesagt. Das bedeutet im Fußball, Trainingsanzug aus und am

Spielfeldrand in Ballhöhe mitlaufen, ohne daß es ernst wird. Und im Fernsehen geht das am besten mit Strohpublikum und Strohgästen. Als wenn da am ehesten der Funke überspringt.

Meine Strohgäste sollen katholische Geistliche mimen, die dem Zölibat entkommen sind. Und die weiblichen Gäste sind sicher die dazugehörigen Haushälterinnen, denke ich. Und auf den Zuschauerrängen sitzen durchweg ältere Damen und Herren, die genau wissen, daß es um nichts geht. Aber Fernsehspielen ist zwischen zwei Tassen Kaffee eine nette Abwechslung für Senioren. Klar! Nichts ist klar. So einen Quatsch mache ich erst gar nicht mit. Ich bitte die Fernsehleute, die Bühne erst gar nicht mit Stroh zu beschicken und die Stühle dort leer zu lassen. Dann nehme ich mein Mikrofon und stelle mich den Gästen vor. Ich sage, wer ich bin, warum ich hier bin und was ich will. Es gehe mir um ein neues Fernsehen. Jetzt laufe ich durch die Reihen. Ich bin ihnen ganz nah. Zum Anfassen. Es muß doch unter diesen vielen Menschen, die wohl vom rechten Weg einer Kaffeefahrt abgekommen sein müssen, Frauen und Männer geben, die Spannendes, wirklich Aufregendes, in ihrem Leben erlebt haben. Sie könnten vom Alter her meine Väter und Mütter sein. In der Zeitung steht gerade, daß die Serben mit systematischer Vergewaltigung ihre Kriegsziele zu erreichen suchen. Jeder hat davon gelesen und im Fernsehen manches dieser Kriegsopfer gesehen. Ich könnte mir denken, daß ähnliche Geschichten vor 50 Jahren in unseren Kriegen auch passiert sind. Daß nun keine Männer aufstehen und sagen, sie hätten das mit russischen Frauen auch so gehandhabt, kann man sich denken. Aber könnte sich nicht eine Frau ermutigt fühlen, von dieser nie verschütteten Leidensgeschichte Teile preiszugeben?

Ich frage. Ich sehe eine Frau unmerklich nicken. Sie ist schmal, hat feine Gesichtszüge, trägt ein teueres, geschneidertes Kostüm. Ich gehe langsam zu ihr. »Sie nikken? Ist es Ihnen ähnlich ergangen?« Sie nickt wieder. »Und könnten Sie sich vorstellen, uns ihre Geschichte zu erzählen? Wer weiß, ob Sie sie bis heute überhaupt erzählen konnten. Manchmal kann man Fremden eher etwas anvertrauen als Freunden. Und ich will darauf achten, daß Sie von Ihrer Erinnerung nicht überwältigt und überrumpelt werden. Ich achte auf Sie. Ich bin an Ihrer Seite.«

Vorsichtig schaut sie sich um. Ich gehe einen weiteren Schritt auf sie zu. »Sie sind offenbar nicht alleine hier. Wer ist denn mit Ihnen gekommen?« Sie stellt mir vier Damen und Herren in ihrem Alter vor. »Wir kennen uns von den Schlesiertreffen.« »Und Ihre Geschichte, stammt die auch aus Schlesien?« frage ich. Nein, sie sei Ostpreußin, und was sie zu erzählen habe, sei in Danzig passiert. Ich frage sie nach ihrem Namen. »Fr. v. H.«, antwortet sie. Dachte ich mir, sie hat solche protestantischen Landadelszüge. »Und würden Sie Ihre Geschichte erzählen?« Sie blickt noch mal in die Runde der Freunde, steht jetzt mit einem Ruck auf, kommt zum Gang, und beide gehen wir langsam Stufe um Stufe zur Bühne runter. Sie nimmt dort Platz und stellt die entscheidende Weiche für mich, »Fliege« zu machen. Sie erzählt von Danzig, von den Russen, von der Mutter, von der Angst, von den Straßen, durch die sie getrieben wurden. Im Studio wird es atemlos still. Ich sitze zu ihren Füßen und weiß das. Meine Kirchenerfahrung, daß es wichtig ist, wo du bist, wenn du zuhörst, so wichtig wie der Standort, von dem du redest, signalisiert mir in dieser Sekunde: Bleibe unter ihr. Bleibe zu ihren Füßen. Such dir da einen Platz. Mutter oder Großmutter erzählt. Schließlich wird es ganz still. Sie gebraucht nie ein Wort, was eine eindeutige sexuelle Assoziation auslösen könnte. Vorsichtig weise ich sie darauf hin. Jetzt kommt von ihr Lektion Nummer zwei für »Fliege«. Es kann viel spannender sein, wenn die Kamera nicht voll und penetrant Richtung Tränen geht. Es kann viel näher werden, wenn man niemanden bedrängt. Andeutungen sind lehrreicher und vor allen Dingen zärtlicher. »Aber Herr Pfarrer«, sagt sie, »wenn die Katze um den heißen Brei geht, immer rund, wird doch jeder wissen, wo der heiße Brei steht. Oder soll ich sie mit der Nase draufstoßen?« Das sitzt für immer.

Später steht sie wie erlöst auf, wünscht mir viel Erfolg und bittet mich, bei einer der Talk-Shows, die sie sicher auf mich zukommen sieht, doch auch das Thema »Schlesier« nicht zu vergessen. Da wären wahre Schatzkammern von Geschichten, die auf uns warteten. Jetzt weiß ich, ich will die Talk-Show machen. Denn niemand fühlt sich ausgezogen, keiner kompromittiert. Ich spüre auch nichts Schmieriges, Voyeuristisches. Ich habe eine Form gefunden, die meine ist.

Produktionsnummer Null

Es ist genug geprobt worden. Jetzt wird es ernst. Am nächsten Tag ist ein richtiges Publikum eingeladen aus richtigen Menschen aus dem richtigen Leben. Und die Gäste auf der Bühne sind auch nicht voll »Stroh«, sondern voller Erfahrung. Ihr Lebensthema: Transsexualität! Da muß ich in meinem unschuldigen Kopf erst einmal neu sortieren. Ich entdecke, daß ich darüber kaum etwas weiß. Neben Schwulen und Transvestiten gibt es offenbar noch eine dritte Kategorie Menschen, die mit ihrer Sexualität jenseits der Norm liegen: Transsexuelle! Fünfzehn Jahre Pfarrer mit zweitausend Seelen, und keiner von denen soll transsexuell gewesen sein? Oder war der Junge, der mit sechzehn von seiner Mutter in der nahen Kreisstadt in Frauenkleidern entdeckt wurde, vielleicht transsexuell gewesen? Ich habe ihn damals wenigstens ermutigt, mit seiner Mutter eine entsprechende Koryphäe aufzusuchen, um sich beraten und eventuell operieren zu lassen. Und wäre ich mit meinem jetzigen Fernsehwissen ihm vielleicht ein besserer Pfarrer gewesen, weil ich von möglichen Operationen mehr gewußt hätte. Das sind die Gedanken vor der Sendung.

Und Angst habe ich, schreckliche Angst. Oder ist es das Lampenfieber, das sich um mein eigenes Bild in der Öffentlichkeit sorgt? Ich spüre dem nach und entdecke einen anderen Grund. Denn was passiert, wenn eine Frau, die im Körper eines Mannes sogar zu olympischen Ruderehren kam und sich dann operieren ließ, nach fünfzehn stummen und doch ebenso konfliktreichen Jahren ihre Tochter gleich bei »Fliege« zum erstenmal wiedersehen wird? Wird es den beiden guttun, oder wird es der radikale Bruch, wo bis jetzt noch Hoffnung war. Denn wenigstens die Tochter ist unserer Einladung gefolgt, um ihren früheren Vater als Frau neu zu entdecken. Oder ist das purer Voyeurismus, inszeniert für ein neugieriges Publikum, wo ich auf diesem Altar zwei Frauen opfern soll, oder ist das auch möglicherweise so hilfreich für die beiden, wie es Tage zuvor für meinen spontanen Gast aus Danzig war? Es wird gutgehen. Doch zum erstenmal mache ich auch die Erfahrung, daß ein langes späteres Gespräch mit den Bühnengästen nach der Sendung notwendig ist und manche Not wenden hilft. Es wird zu mir gehören. Auch wenn es nicht unmittelbar zur Sendung gehört.

Außenseiter als Stars

Die adelige ältere Dame im Tweedkostüm, die ich in der Probesendung der Talk-Show kennengelernt hatte, hatte mich neugierig gemacht. Was ereignet sich in solch einer Fernsehsendung in der Seele der Gäste, die ihr Leben erzählen? Das ist doch keine verwerfliche Selbstdarstellung. Das kann man doch einer in aller gebotenen Distanz erzogenen Dame aus dem deutschen Osten nicht vorwerfen. Aber was ist das, das Menschen aller Schichten frank und frei aus ihrem Leben erzählen läßt? Das liegt doch nicht an mir. Schließlich gibt es solche Augenblicke voller Betroffenheit, Anteilnahme und Tiefe auch in anderen Sendungen.

Ein siebzehnjähriger Junge, der wegen seines Nierenversagens die Niere seiner Mutter bekam, machte es mir endlich klar und deutlich. Mit seiner Krankheit war er auf dem Schulhof über Jahre ein Außenseiter geblieben. Er war das Objekt der täglichen Aggression seiner Klasse.

Beim Sport machte er eine Ausnahme, und mit den Mädels war er auch völlig ohne Erfahrung. Schließlich hatte er entscheidende Monate seines Lebens auf Intensivstationen verbracht, während andere im Partykeller an ihm vorbeizogen. Als er aus meiner Sendung zurück auf den Schulhof kam, war alles anders. Der Außenseiter war zum Star geworden! Der Auftritt im Fernsehen hatte ihm einen unsichtbaren Glanz und ein neues Selbstbewußtsein gegeben, mit dem er bestehen konnte. Der Besuch bei uns heilte seine soziale Wunde. Als wenn die große Gesellschaft der Millionen Zuschauer ein Machtwort reden könnte, mit dem eine kleine Gruppe in ihre Schranken gewiesen werden könnte. Fernsehen kann soziale Wunden heilen.

Was ging mit der Frau vor sich, die nach jahrzehntelangem Tablettenmißbrauch zu mir in die Sendung kam, davon erzählte und sich in der folgenden Nacht ständig übergeben mußte? Sie hatte bis zur Sendung ihre verschiedensten Therapeuten über ein paar entscheidende Erlebnisse im unklaren gelassen. Und auf einmal erzählte sie ausgerechnet im Licht der Öffentlichkeit ihre dunkelsten Stunden. Da half dieser Frau ihr Körper in der Nacht und bestätigte ihr, daß sie den ganzen Mist losgeworden war.

Es ist, als ob verlorene Schafe wieder zur Herde zurückfinden könnten. Es scheint eine Erfahrung zu sein, der sich auch der Körper nicht verschließen kann.

Es geht los!

Die ARD ist schneller als die Kirche und findet ausgerechnet mit »Fliege« aus einer jahrelangen Lähmung heraus. Wie das Karnickel vor der Schlange hatte sie den anhaltenden Erfolg der Privatsender betrachtet. Sie war unfähig, alle ihre Kräfte zu sammeln und zu kämpfen. Und könnten die Zuschauer aus der ARD austreten wie aus der Kirche, um ihren Solidaritätszuschlag bei der Steuer zu kompensieren, sie hätten es längst getan. Aber jetzt handelt die ARD endlich. Obwohl sie mit ganz ähnlichen Fesseln leben mußte wie so mancher Bischof. Denn auch bei ihr regiert so mancher Intendant wie ein Provinzbischof, der nicht über den Rand seiner Sendeschüssel hinausschaut. Ihm ist es ebenso wichtig wie dem Bischof, daß vor allen Dingen er und sein Sender vorkommt. Wo das gemeinsame Bild ARD bleibt, störte jahrelang niemanden. Es erinnert irgendwie an die kirchliche Debatte, wer das »Wort zum Sonntag« sprechen soll. Aus jeder deutschen Provinz und jeder Frömmigkeitsart einer! Und bloß kein Gesicht und bloß keine Stimme, an die man sich gewöhnen könnte und Vertrauen fassen. Aber vielleicht zwingt der Rückgang der Kirchensteuer die Kirchen wie die ARD das ungenügende Gebührenaufkommen, umzudenken und sich auf ein Gesicht zu konzentrieren. Ganz gleich, wo es herkommt.

Im Nachmittagsprogramm der ARD jedenfalls einigen sich die Direktoren der verschiedenen Anstalten zum erstenmal auf ein durchlaufendes Programm, das zwar der Bayerische Rundfunk in München produziert, das aber von allen anderen Anstalten mitfinanziert wird. Und die einzige Programmform, die zu dieser Zeit wirklich Menschen interessiert, sind tägliche Talk-Shows nach amerikanischem Muster. Dort gibt es sie seit fast dreißig Jahren. Und sie gehören zu den Säulen des Programms. Die ARD-Gewaltigen entscheiden sich für »Fliege«. Sie haben den Piloten begutachtet und für gut befunden. Aber es wird auch eine Rolle gespielt haben, daß ich als Gastgeber der ARD-Talk-Show von Haus aus Pfarrer bin. Damit gewährleiste ich wenigstens ziemlich gut, daß ich nicht von jetzt auf gleich (wie bei den Privaten durchweg) ungefragt unter die Gürtellinie anderer Menschen haue.

Kann man eine Sendung »Fliege« nennen?

Aber kann man wirklich einen Pfarrer an die Talkfront gegen die Privaten schicken? Schließlich sind Pfarrer doch der Inbegriff für Langweiler, während die Tutti-frutti-Sender sich nicht beklagen können, was den Zuspruch angeht. Dieses Problem ist den Programmplanern durchaus bewußt, und sie entschließen sich zu einem merkwürdigen Trick. In der Werbekampagne für die neue Talk-Show soll verschwiegen werden, daß ich Pfarrer bin. Diese zusätzliche Vorurteilshürde zu nehmen, traut man sich doch nicht. Statt dessen könnte doch herausgestellt werden, daß ich Theologie studiert habe und Theologe sei wie Biolek Jurist? Nicht nur das Volk schmunzelt im nachhinein über solche Winkelzüge der Werbestrategen. Die Bild-Zeitung titelt von Anfang an: Pfarrer-Talk! Und es hilft mir einmal mehr, zu dem zu stehen, was ich auch bin und bleiben möchte: ein Pfarrer, der unaufdringlich daran arbeiten will, daß wir unsere Seelen nicht verkaufen.

Aber kann man eine Talk-Show wirklich »Fliege« nennen? Wer würde dahinter eine Sendung für Erwachsene vermuten, wenn bei der ARD jahrelang »Moskito« das erfolgreiche Jugendprogramm war? Und tut man sich mit solch einem ausgefallenen Namen wirklich einen Gefallen? Aber bevor ein weiterer Eiertanz à la Pfarrer und Theologe aufgeführt wird, entscheidet der Zuschauer. Der reduziert nämlich seit Jahren schon die kreativsten Sendetitel auf den, der die Sendung präsentiert. »Wetten daß« ist Gottschalk und »Stern TV« ist Jauch; »EWG« war Kuhlenkampf und »Fliege« ist eben Fliege. Man muß sich zu dem bekennen, was man ist und wie man heißt. Die Öffentlichkeit läßt auch schüchternes Schwindeln nicht zu. Sie ist ein Brennglas, das am Ende darauf reduziert, was man wirklich auch ist. Aber auch aus dieser Not können die Werbestrategen noch eine Tugend machen. »Fliege«, das ist als Markenname viel schneller durchzusetzen als Hinz und Kunz. Das prägt sich ein. Da stolpert man, und spätestens dann prägt sich der Name ein, über den man da gestolpert ist. Und ich kann mich wieder einmal mit meinem Namen versöhnen, den ich mir nicht gegeben und den ich nicht nur in der Tanzschule verleugnet habe. Er war ja nicht voll bewußter Provokation wie der von Aaron Rinnstein, der diesen Namen über seine Väter von antisemitischen Grenzbeamten verpaßt bekam und der sich auf der Bühne mit gutem Recht zu Wolfgang Völz verwandelte. Aber »Fliege« war mir immer ein Dorn im Fleisch der Anpassung gewesen. Wer Fliege heißt, kann sich nicht unhörbar, unsichtbar und angepaßt machen. Er wird irgendwann entdeckt, und entweder er fliegt wirklich, oder er stürzt ab. Daß »Fliege!« eines Tages vielleicht eine spirituelle Botschaft sein könnte, die andere Menschen ermutigt, ihre Heimat eher zwischen Himmel und Erde zu suchen als mit beiden Beinen auf dem Boden der sogenannten Realität, wußte ich doch nicht auf dem Standesamt. Aber die Werbestrategen der ARD dachten darüber nach und erwogen zeitweise, meinen Namen klein zu schreiben, um dem Charakter der Sendung gleichzeitig einen Namen zu geben. Aber die Bodenständigkeit des Publikums entschied anders.

Von Null auf Sendung in drei Wochen

Es gibt Redakteure im Deutschen Fernsehen, die verantworten und organisieren pro Jahr ein bis zwei Sendungen. Als die ARD »Fliege« ins Programm hebt, muß die Produktionsfirma ohne Mitarbeiter innerhalb von vier Wochen bis Sendebeginn einen Mitarbeiterstab aus dem Boden stampfen, der für gut 150 Sendungen pro Jahr verantwortlich zeichnet. Da wird Tag und Nacht gearbeitet. Es muß eine große Redaktion aufgebaut werden. Architekten und Bühnenbildner entwerfen und zimmern eine Deko. Verträge mit Studios müssen unter Dach und Fach. Da ist die Frage nach meiner Kleidung nun wirklich nicht das wichtigste. Doch auch da gibt es Tränen. Denn verkleiden Sie einmal einen Bauern! Vor dieser schweren Aufgabe stehen mehrere Gardrobieren und scheitern. Der Bauer bin ich, und für meine Kleidung hatte ich mich nie interessiert. Ich fühlte mich am wohlsten, wenn ich jeden Tag dieselbe Kleidung trug. Und jetzt wie aus dem Ei gepellt und jedesmal anders vor die Fernsehkameras zu treten, ist mir zuwider. Ich hatte bisher durchweg nur schwarze Sachen getragen. Das war keine Mode, sondern mehr oder minder Dienstkleidung gewesen, wenn man tagtäglich auf mehreren Hochzeiten gleichzeitig tanzen mußte: Trauung, Beerdigung, Kirche und zurück! Und im Dienst war man als Pfarrer doch ständig. Die Sachen, die ich tragen wollte, sollten mich unterstützen und nicht ablenken. Sie sollten mir meine Mitte und mein Wesen tragen helfen. Ich wollte nicht die Kleidung tragen. Die Kleidung sollte mich tragen. Sie müßte im wahrsten Sinne des Wortes Dienstkleidung sein und kein Fummel, der nur ablenkt und die Blicke auf die Marke richtet. Warum sonst wohl wollen die Herrenausstatter mit mir werben, wenn nicht darum, daß ihre Kleidung die Aufmerksamkeit der Zuschauer von mir zu ihnen lenkt?

Ich hatte im Pfarramt auf dem Friedhof eine durchschlagende Erfahrung gemacht, die meinen Starrsinn erklärt. Während all der vielen Pfarrerjahre erschien mir meine Kleidung und mein Aussehen wenig beachtenswert. Das kam auch daher, daß man wesentliche Teile davon unter dem langen schwarzen Talar verstecken konnte. Doch es gab eine Ausnahme, wo ich sogar die Schuhe, die nur noch darunter hervorschauten, putzte bis zum Gehtnichtmehr. Und das war bei Beerdigungen. Da putzte ich die Schuhe, die unter dem Talar hervorschauten, so gut und so intensiv es nur ging. Da mußte alles tipptopp sein. Kleidung durfte nicht ablenken. Kleidung mußte hinlenken, Kleidung mußte die Konzentration unterstützen. Sie durfte nicht anders sein als der Mensch, der sie trug und seine Arbeit.

Am Ende finden wir doch noch eine Mitarbeiterin, die einem Kind vom Land wie mir die Sachen besorgt, die mich durch die Sendung tragen. Sie ist die letzte des ganzen Teams, die mich bis unmittelbar vor die Scheinwerfer begleitet, und dann und wann wischt sie auch noch schnell über meine Schuhe.

Ein Tagesablauf

Wenn auf den Fernsehgeräten »Fliege« ins Bild marschiert, ist er in Wahrheit nicht da. Wir senden nicht live. Das hat einsichtige Gründe. Die ARD muß sparen. Und das tut sie selten so gut wie bei »Fliege«. Wir produzieren zwei oder drei Sendungen am Tag. Es sieht zwar so aus, als wenn ich pünktlich um drei nach vier von rechts zu Ihnen ins Wohnzimmer trete, aber in Wahrheit liegt zu diesem Zeitpunkt im Bayrischen Rundfunk in München ein Videoband in einem Gerät, und »Fliege« geht über den Sender. Selten bin ich zu diesem Zeitpunkt zu Hause bei meiner Familie und schaue mir einmal zu. Statt dessen sitze ich bei Redaktionskonferenzen, schreibe solche Bücher hier, besuche ein paar Kranke, telefoniere mit Bittstellern und Hilfesuchenden, drehe die ARD-Reportage »Spurensuche«, bereite einen Gottesdienst vor, höre unter vier Augen einem gehörnten Ehemann zu oder spiele Federball mit meinen Kindern.

Aber wenn wir produzieren, ist jede Minute des Tages

verplant. Zwei oder gar drei Sendungen mit manchmal über dreißig verschiedenen Gästen zu drei total verschiedenen Themen wollen generalstabsmäßig vorbereitet sein. Der Wecker rasselt dann um fünf. Drei vorbereitete Informationsmappen der Redaktion liegen vor mir. In ihnen steht der Teil der Biographie der Gäste, der für uns heute interessant sein wird. Ich lese noch im Bett. Wenn zwischen sieben und acht der Fahrer kommt, muß ich durch sein. Am besten noch vorher. Ich brauche ein paar Augenblicke der Stille nur für mich. Eine Kerze und eine Tasse Tee schaffen Ruhe. Wenn wir einmal auf dem Bavariafilmgelände sind, wo wir unsere Zelte aufgeschlagen haben, wird ein Termin den anderen jagen: letzte Konferenz über Thema und Gäste vor der Sendung. Begrüßen und persönliches Kennenlernen der Gäste, die ich bis jetzt nur vom Papier her kannte. Garderobe, Maske, letztes Abfragen der Fakten, Begrüßung des Publikums, Fragen nach dem Wohin und Woher, ein bißchen Kontakt schaffen, und schon geht die erste Aufzeichnung los. Es ist wichtig, das Lampenfieber so weit wie möglich zu senken. Und weil ich weiß, daß Applaus die beste Medizin gegen Lampenfieber ist, bitte ich das Publikum, meine Gäste mit einem freundlichen Applaus zu begrüßen. Mehr Regieanweisungen gibt es nicht.

Nach Schluß der Sendung müssen die Gäste verabschiedet und Autogramme für die Zuhausegebliebenen geschrieben werden. Meine »Heiligenbildchen« nenne ich sie freundlich-ironisch. Und es hat lang gedauert, bis ich mich daran gewöhnt habe, daß Bilder von mir auch Nähe bedeuten können. Danach soll ich Trost und Hilfe für extra angereiste Menschen spenden. Oft sind sie nur deshalb im Publikum, um anschließend mit mir ihr dringendstes Anliegen mitzuteilen.

Das ganze dann dreimal. Und zwischendurch Pressetermine, Interviews, Briefe diktieren, irgendwann ein wenig essen. Abends wartet die Abschlußkonferenz auf alle Mitwirkenden. Was war gut, wo hat wer welche Fehler gemacht. Und zuletzt der alltägliche Vorsatz: »Morgen werde ich noch besser.« Er steht in großen Lettern in meiner Garderobe an der Wand.

Müde, übermüdet und abgespannt und doch voller Unruhe fährt mich der Fahrer wieder nach Hause. Ich darf nicht selber fahren. Es könnte ja was passieren. Und ich spüre wieder einmal, wieviel an mir hängt.

Meine Gäste sind zum großen Teil schon wieder zu Hause. Aber sie haben immer noch Besitz von meiner Seele. Ich kann nicht schlafen. Ich geistere mit ihnen im Kopf durch die Wohnung. Irgendwann zwischen zwei und fünf schaue ich, weil die Nacht nicht umgeht, Fernsehen. Ich sehe Hans Meiser und Ilona Christen. Endlich schlafe ich ein.

Stille Zeit

Die Unruhe in mir vor der Sendung ist nicht mehr zu steigern. Ich verlasse das Studio. Ich fürchte, mich übergeben zu müssen. Mein Magen revoltiert. Doch es geht ohne größere Katastrophen vorbei. Ich tröste mich ausgerechnet mit Dieter Thomas Heck. Der soll gesagt haben, Lampenfieber sei der Respekt vor einem großen Publikum. Aber die Unruhe ist dennoch nicht vorbei. Ich brauche ein Ritual, das mich stabilisiert. Und so ziehe ich mich wieder in meine Garderobe zurück und setze mich auf den Boden. Da finde ich am meisten Bodenhaftung. Es ist der Ort der Kraft für mich. Ich suche ihn unstandesgemäß sogar bei privaten Einladungen auf. Es ist mein Platz. Sogar im Flughafen sitze ich auf dem Boden. Man braucht auf dem Boden so wenig Kraft. Alle Anstrengung ist erst einmal passé, und man kann und darf ruhen. Lang streck ich mich aus. Es ist die Position gegen die Angst. Sie allein trägt ihr Rechnung. Die Angst will ja, daß du dich duckst und nicht untergehst. Sie will ja, daß du nicht die Nase zu weit aus dem Fenster hängt. Sie will dich ja verstecken, daß alles vorübergeht, ohne dir Schaden zuzufügen. Die Angst will dich nicht senkrecht sehen, wenn die feindlichen Geschütze ihre Läufe auf dich richten können. Auf dem Boden gibt dir Mutter Erde am meisten Geborgenheit und Schutz. Du kannst nicht mehr tief fallen.

Ich weiß nicht, wie ich diesen Ort der Ruhe und der Kraft gefunden habe. Früher habe ich einmal intensiv darüber nachgedacht, warum Jesus unmittelbar vor seiner Verhaftung und Folterung im Olivenhain von Gethsemane sich vor Angst auf den Boden wirft und seine Hände in die Erde krallt. Der Druck auf ihn, sich freiwillig(?) für irgendeine Sache dieser Welt oder des Himmels hinzugeben, war ihm zu groß geworden. Da wirft er sich hin. Und weil die Angst immer noch nicht ganz weicht, wirft sich sein Geist in den Himmel und betet. Das ist die angstbefreiendste Position, die ich kenne: den Körper am Boden, den Geist im Himmel. Beide so nah wie möglich bei »Mutter« und »Vater«. Da entdeckt man einen Raum, um zu atmen. Immer wenn die Angst Menschen zu überwältigen versucht, rate ich ihnen, ihr erst einmal nachzugeben und sich ebenfalls hinzulegen und sich selbst quasi selbst aus dem Verkehr zu ziehen. Wer so vom Boden wieder aufsteht, steht merkwürdigerweise sicherer als vorher. Er spürt wohl instinktiv, daß er nicht ins Bodenlose fällt.

Vor den ersten Sendungen liege ich am Boden. Da kann es nur aufwärts gehen. Später zünde ich in dieser stillen Zeit vor den Sendungen auch Kerzen an und bitte um Hilfe und Unterstützung für meine Arbeit und die Arbeit meiner Gäste. Später lese ich dann in den Zeitungen, daß man sich bei RTL darüber lustig macht. Mir ist es wichtig.

Dorf Deutschland

Jetzt ist es aus mit meinem Privatleben. Einer muß aufs Rad des öffentlichen Interesses geflochten werden und seine Nase zeigen. Und das bin diesmal ich. Und dann und wann zu meinem Leidwesen ist es sogar meine ganze Familie. Deutschland ist für uns elektronisch zu einem Dorf geschrumpft, und ich bin der Pfarrer.

An der Ostsee schaue ich mit einer Witwe lange aufs Meer. Das ist das Grab ihres Mannes. Sie trauert mit mir darum, keinen Ort zum Trauern zu haben. Im Flughafen soll ich sofort und spontan zur Existenz des Teufels Stellung nehmen, und im Café soll ich nach allen Seiten nikken und offen sein. In Berlin, im Kaufhaus des Westens, weint ein Mann mit mir um seine Frau, und in meiner

Heimatstadt darf ich nicht stehen bleiben. In meine Pfarrei Aldenhoven darf ich erst gar nicht kommen, wenn ich wieder gehen will, und in München rennt mich eine Frau über den Haufen, entschuldigt sich spontan bei »Fliege«, rappelt sich auf und fällt zehn Meter und Sekunden später wieder schier in Ohnmacht, als sie bemerkt, wen sie denn da überrannt hat. In Düsseldorf winkt man mich laut in die Altstadt, in Stuttgart gibt's im Flughafen Tee umsonst, und die dankbare Nonne auf dem Bahnhof in Leipzig vergesse ich nicht. Auf der Straße in Dresden bekomme ich Einladungen ins Erzgebirge, und in Münster winken komischerweise Männer, wo doch »Fliege« vorzugsweise von »Frauen über 35 mit gehobenem Bildungsniveau« gesehen wird.

Mein Nachbar weiß endlich, wo er mich hinstecken soll. Er hat mich im Fernsehen gesehen. Na also! So klein ist die Welt, und so versteckte ich mich manchmal. Nur ist es für mich nicht wirklich eine neue Erfahrung. Es ist wie früher im kleinen Aldenhoven am Niederrhein, wo ich im Sommer barfuß durchs Dorf lief und es am anderen Tag alle wußten. Und wenn ich in der Yellow press den neuesten Zustandsbericht über meine Ehe lese, denke ich an die Gespräche einiger Frauen in der Metzgerei im Dorf. Sie hatten nicht bemerkt, daß ich hinter ihnen nach Wurst anstand, und erzählten sich den neuesten Klatsch aus dem Pfarrhaus. Sie wußten auch schon immer mehr als meine Frau und ich zusammen. Wir haben gelacht und üben es jetzt wieder.

Wie finden Sie die Themen

Ich sitze in Düsseldorf in einem Kaufhaus und signiere die ersten meiner Bücher. Eine ältere Dame drängelt sich vorsichtig nach vorne und beobachtet mich eine Weile. Ich spüre ihre Blicke und signalisiere, daß ich sie bemerkt habe. Irgendwas will sie. Ein Buch hat sie nicht in der Hand. Also will sie auch keine merkwürdigen Autogramme. Vielleicht will sie mich einen Moment sprechen und wartet ab, bis die Schlange kleiner geworden ist. Doch plötzlich spricht sie mich an. Sie habe ein Thema für mich. Wir sollten doch unbedingt eine Sendung über Sexualität im Alter machen. Ich hätte das leicht abwimmeln können, weil wir schon eine ähnliche Sendung hinter uns hatten und ich mich an den zärtlichen alten Herrn erinnerte, der mit über neunzig noch die Fensterrolläden mitten am Tag runterläßt, nur im Hemd umläuft und mit seiner Frau »dann immer ganz albern« ist. Aber meistens steckt hinter einem Themenvorschlag eine Geschichte. Und die interessiert mich immer mehr als ein neues Thema. Und so erzählt die Frau im anonymen Kaufhaus vor einer kleinen Gruppe anderer Kunden ihre Geschichte. Es ist die Geschichte von ihrem Mann und ihrem Liebhaber. Aber als ich sie am Ende doch einlade, darüber im Fernsehen zu erzählen, gibt sie mir zwar ihre Karte, wehrt aber ab. Ihr Mann könnte es am Ende noch erfahren.

So erreichen uns die meisten Themenvorschläge von unseren Zuschauern selber. Sie haben Krampfadern und wissen nicht mehr, wie sie sich helfen sollen. Sie tragen ein behindertes Kind durch ihr Leben und suchen nach

»Leidensgenossen«. Sie sehen in mancher ausweglosen Krankheit keinen anderen Sinn mehr, als von ihr zu erzählen, um damit andere Menschen zu warnen und zu mahnen, einen anderen Weg zu gehen als sie selber. Es darf kein sinnloses Leben geben! Und erzählen ist oft der letzte Versuch, dem sinnlos erscheinenden Leben einen letzten Sinn zu geben. Langsam entwickeln wir uns zur größten Selbsthilfegruppe in unserem Land. Wir sind eine Umschlagbörse täglicher Erfahrung. Wir sind Ersatz für eine verlorengegangene Öffentlichkeit zwischen Einkaufen und Feierabend, die Rat und Tat in allen Lebenslagen versprach. Wir sind die tröstenden »heilenden Hundert« geworden, die wohl jeder Mensch in näherer und weiterer Umgebung seiner Seele braucht, um leben zu können.

Nüsse knackt man von innen

Und immer wieder soll ich eine Antwort finden, warum die fremdesten Menschen bereit sind, sich in der Öffentlichkeit dermaßen zu öffnen, daß ihr Innerstes nach außen kommt. Darum Frage an Radio Eriwan: Was ist der Unterschied zwischen Menschen und Nüssen? Im Prinzip keiner! Beide haben meistens eine harte Schale und werden zu Weihnachten geknackt!

Der Unterschied liegt eher darin, wie sie geknackt werden: von außen oder von innen? Wenn sie von außen geknackt werden, sind sie zerstört. Keine Chance mehr, daß aus diesem Kern noch mal Leben wächst und ein gesunder Baum wird, der Früchte trägt! Aus und vorbei! Wenn sie aber wie in der Natur üblich bei Nüssen und

Menschen von innen nach außen die Schale aufknacken, dann fängt das Leben erst richtig an. Nur wie soll das paradoxerweise gehen?

Und da stehst du dann wie ein Kind, siehst harte Menschen, um deren Lebenskern jahrzehntelang Schalen um Schalen gewachsen sind, und du kannst dir nicht vorstellen, daß die noch leben. Alles sieht doch so tot und so trostlos aus, so hart und so alt. Und daß die überhaupt noch Kraft haben, von innen nach außen die Schale zu durchstoßen. Und es juckt dir in den Fingern, mit einem Nußknakker zu helfen. Von außen, versteht sich! Mit den besten Absichten, versteht sich. Nur das Ergebnis versteht sich nicht und ist immer dasselbe: niederschmetternd! Zerstörung des guten Kerns! Zerstörung des Menschen neben dir mit den besten Empfehlungen! Zerstörung des Menschen über dir, Zerstörung des anvertrauten Menschen unter dir. Und nur, weil du nicht an so was wie Weihnachten glaubst. Daran, daß wie draußen in der Natur ein Sonnenstrahl, ein Tag voller Wärme, voller Zuwendung und seltsamer Aufbruchstimmung drumherum reicht, den guten Kern zu wecken. Und sei er noch so alt. Schließlich findet man in den Pyramiden Körner, die haben ein Alter von vielen tausend Jahren und sind nicht tot. Was tot ist, liegt meistens im Auge des Betrachters und seiner mangelnden Vorstellungskraft. Die Sonne weckt die Toten!

Es kommt also auf die Stimmung an. Die richtige Stimmung ist die zärtlichste Zuwendung, die es überhaupt gibt. Es kommt auf die richtige Atmosphäre an, ob ein Mensch Lust und Leben genug empfindet, endlich die Reise durch die dicke Schale von innen nach außen zu den anderen anzutreten.

Und Weihnachten ist eine gute Zeit dafür. Da kommen über alle Zurückweisungen und Nußknackerversuche anderer Menschen hinweg Stimmungen durch die Schale bis tief in Dich hinein, die Dich wecken und zumindestens spüren lassen: Ich bin lebendig! Mein Kern ist noch lebendig! Und wenn auch die Kraft dieses Jahr noch nicht reichen sollte, durch die Schale zu stoßen. Ich bin lebendig und nicht tot.

Tabu

Wir können nicht über jedes Thema miteinander reden und Gäste einladen. Da hat der liebe Gott die aufsichtsführenden Organe des Fernsehens drübergesetzt. Es gibt schon Zensur und Kontrolle. Da sitzt erst einmal der zuständige Redakteur mit seiner Karriereschere im Kopf. Über ihm sitzt der Abteilungsleiter mit einem ähnlichen Instrument in der Brieftasche. Und ganz oben sitzt der Fernsehdirektor, der alle paar Jahre auch von offiziellen Kirchenvertretern wiedergewählt werden will. Aber solange die Kirche nicht das direkte Sagen hat, geht es einigermaßen liberal zu. Eine Sendung über Hexen, die allerdings davon erzählten, daß sie mitten im katholischen Bayernland um Mitternacht zur Vollmondzeit nackt durch den Wald springen würden, mußte ein paar Monate im Archiv schmoren. Solange, bis ein paar Wahlen vorbei sind, und alle wieder freier atmen können. Aber auch »Kirchenasyl« war und ist ein Reizwort in Deutschland.

Doch genau darüber wollte ich gerne eine Sendung

machen. »Gott behüte uns vor Missionaren!« Das wird dann und wann auch ein heimlicher Stoßseufzer meiner Kolleginnen und Kollegen gewesen sein. Immer wenn ich mit einem Thema komme, was mir besonders am Herzen liegt. In diesen Tagen gewährt die Kirche Menschen in ihrer Todesangst Asyl, und der Teufel läßt wieder spotten: »Wenn Sie heute in die Kirche gehen wollen, gehen Sie ja rechtzeitig! Nicht das alles besetzt ist! Von Asylanten!«

Ich lache ja selber darüber. Mit einen Unterschied: Ich habe auch schon Asylanten, die nach Recht und Gesetz abgeschoben worden waren, vor diesem Schicksal bewahren können. Thiru, der Tamile, hatte seine ganze Familie aus dem Norden Sri Lankas herausschmuggeln können, während 30 000 seiner Landsleute im »Befreiungskrieg« umkamen. Jetzt hat er sich mitsamt seiner Frau und seinen drei Kindern im Keller versteckt. Über und über mit Pocken besät, die er nicht kennt. Lieber sich schweigend zurückziehen, als den Pfarrer noch damit anstecken. Ich finde ihn und kann ihn beruhigen. Es sind einfache Windpocken, die er wohl von meinen Kindern irgendwann aufgeschnappt hat. Seinen Landsmann kann ich im wahrhaft letzten Augenblick vor der Abschiebung vom Flughafen Düsseldorf wieder mit nach Hause nehmen. Es ist ein Klima im Land, daß man sich momentan offenbar mehr auf Richter und Pfarrer in Talaren stützen kann als auf die politisch Verantwortlichen. Verstecken, verhandeln, tricksen, kungeln mit der Polizei und der Justiz, um einen Menschen aus Todesangst zu retten. Das ist jetzt Alltag geworden in deutschen Pfarrhäusern.

Daß »Kirchenasyl« gegen Recht und Gesetz ist, wird uns deutlich. Steht irgendwelche Strafe drauf. Welche, weiß ich nicht. Interessiert offenbar die Kollegen und Kolleginnen, die damit bedroht werden, auch nicht. Wir empfinden uns eben als Bürger zweier Welten. Der sichtbaren und der unsichtbaren. Und daß wir das ernst meinen, zeigt sich jetzt. Das Gesetz der unsichtbaren Welt, die wir den Himmel nennen, sagt klar: Kurden dürfen nicht in die Hände ihre folternden Feinde fallen, und Kroaten dürfen nicht zurück in den Partisanenkrieg und deren Kinder nicht ins Waisenhaus. Darum geht es. Und das ist, sage ich Ihnen aus eigener Erfahrung, eine Anstrengung, die an die Nerven geht.

Schmunzeln muß ich dann wieder, wie sich die Kirche gegen die Regierung stellt. Ungefähr so: ›Lieber Minister, wir haben nichts gegen den Rechtsstaat. Wir tun nur das, was der Staat selber sagt: Einzelfall prüfen! Das tun wir solange, bis der Staat es dann selber wieder tut. Nichts für Ungut, Kanter! Gott befohlen!‹ Den Ton kenne ich noch aus DDR-Zeiten. Da gewährte die Kirche ja auch schon »Kirchenasyl« am Prenzelsberg und anderswo. Da hockten die verstoßenen Lesben, die Grünen und die kritischen Kinder der Republik unter der Kanzel. Und draußen schnaubte die Stasi. Und Stolpe und Co wiegelten ab, Gott sei Dank! Das war gestern so und ist heute genauso.

Könnten wir über diese Geschichten nicht eine Sendung machen? Geht nicht! In Bayern geht der Rechtsstaat über alles. Er ist einfach unvergleichlich. Da kommt nicht einmal die Schweiz dran, die als Rechtsstaat in Nazizeiten Menschen mit Zivilcourage hinter Gitter brachte, nur weil sie Juden halfen aus dem KZ Deutschland zu entkommen.

Ich lerne meine Gäste persönlich erst kurz vor der Sendung kennen. Ihre Geschichte habe ich von meinen Mitarbeiterinnen und Mitarbeitern minutiös aufgeschrieben bekommen und gelernt. Jetzt sehe ich den dazu gehörenden Menschen zum erstenmal. Und ich entdecke immer wieder, daß ich mir heimlich ein Bild von ihm gemacht habe, das mit dem, was ich sehe, nicht übereinstimmt. In solchen Augenblicken streiche ich aus meinem Kopf, was ich schwarz auf weiß von meinem Gast weiß, und fang noch einmal bei seinem Äußeren an. Schließlich führt das Äußere zum Inneren. Und da will ich ja hin. Mein Herz will sich vorübergehend ein Bild von einem Menschen machen, damit es sich zu ihm verhalten kann. Ich suche, ich wittere, ich ahne, wer da vor mir steht. Schließlich gibt es unterschiedliche Menschen und nicht nur einen.

Aber wenn es nur einen Menschen gäbe! Einer, der natürlich immer so ist wie ich und keinen Deut anders. Genau mit diesem Maßstab laufen wir doch durchs Leben. Und mit dieser balkengroßen Behinderung im eigenen Auge entdecken wir die Splitter der anderen. Und wenn schon Cäsars Beobachtung richtig ist, daß man dicken Männern eher sein Leben anvertrauen könnte als schlacksigen? Sind Dicke ruhiger und friedlicher, so wie Buddha? Und Gelehrte und Professoren durchweg drahtiger wie Daniel Düsentrieb? Und wenn die Mediziner recht haben, daß es neben den Dicken und den Dünnen auch noch den in der Mitte gibt, den Athletiker? Was ist der dann? Und daß man von allen drei genausowenig gleiche Leistungen im Hochsprung verlangen kann wie

Treue in der Liebe? Und wenn die Seelenärzte mit ihrer Sortiererei durchaus richtig liegen, daß die unterschiedlichsten Ängste der Menschen ihr ganzes Wesen ausmachen und man sie nicht verwechseln darf und sie nie und nimmer in eine Schachtel passen? Ja, daß man sie sogar an ihrer Liebe zu Farben unterscheiden kann? Und wenn die alten Seelsorgelehren stimmen, daß es zum Beispiel mindestens neun verschiedene Typen gibt, den Lehrer, den Helfer, den Schauspieler, den Wissenschaftler, den Künstler, den Ordentlichen, den Genießer, den Manager und den faulen Friedliebenden?

Kompliziert, aber noch lange nicht so kompliziert wie die astrologischen Lehre von mindestens zwölf verschiedenen Menschentypen? Und was bringt das ganze Wissen von den unterschiedlichen Menschentypen? Nun, auf jeden Fall, daß wir nicht mehr alle über einen Kamm scheren können. Besser ein, zwei, drei Kämme bis zu zwölf Kämmen! Und die strengen und ebenso engen Erwartungen an die anderen Menschen, die nur sich selbst als einzigen Maßstab anerkannten, nehmen ab. Schließlich bin ich nur einer von zwölf unterschiedlichen! Und vielleicht nehmen auch die engen und strengen Erwartungen an sich selbst ab. Du mußt nicht alles können. Je nachdem nur jede zwölfte Disziplin. Wir sind keine Zehn- und Zwölfkämpfer! Damit hätte ich mich trösten können, als Heide Rosendahl, die spätere Olympiasiegerin im Weitsprung, mich als Kind schon weit überflügelte. Wir wurden in derselben Stadt groß. Und ich neidete ihr heimlich das Scheinwerferlicht der Welt jahrelang.

Gesellschaft für Kommunikation, der Geheimclub aus Nürnberg

»Wo zwei oder drei in einem Namen versammelt sind, da bin ich mitten unter euch!« Mit diesem Jesu nachgesagten Wort tröstet sich die Kirche bis zu dem Tag, wo wirklich nur noch zwei oder drei bei ihr sind. Spöttelnd frage ich dann immer an, warum man sich denn nicht anstrenge, die Kirche wieder ganz mit Menschen zu füllen, damit dann der liebe Gott unter den versammelten fünfhundert wenigstens eine Auswahl hätte und nicht jeden nehmen müßte? Doch Menge und Quantität ihrer Arbeit als Erfolgsmaßstab überhaupt in ihre Überlegungen aufzunehmen, weigert sich die Kirche. Es gibt gute Gründe, den Erfolg und den Segen nicht mit der Menge der Zuschauer gleichzusetzen. Aber es gibt keinen Grund, überhaupt keinen Gedanken daran zu verschwenden, warum so wenig bei Kirchen einschalten. Das erste nämlich, was Fernsehmacher am nächsten Morgen tun, ist die Einschaltquote zu kontrollieren. Über Telefonkabel sind über dreitausend repräsentativ ausgesuchte Fernsehgeräte an einen Rechner in Nürnberg angeschlossen. Dort residiert die Gesellschaft für Kommunikation, die im Auftrag der Sender und der Wirtschaft untersucht, wer wann was gesehen hat. Werbung wird schließlich danach bezahlt, wieviel und welche Leute sie erreicht hat. Und die GFK registriert Tag und Nacht, wer wann in der Familie was im Fernsehen sieht. In der Nacht werden dann die Daten zusammengestellt, und morgens in der Frühe gehen sie in alle Fernsehredaktionen und lösen entweder Freud oder Leid aus.

Fernsehen kann trösten. Das hatte mir ein alter Fernsehhase aus dem kreativen Holland schon vor Jahren mit auf den Weg gegeben. Und jetzt liegen Tag für Tag die besten Beweise dieser These vor mir. Und neben all den Wünschen, diesen oder jenen Arzt und diese oder jene Adresse mitgeteilt zu bekommen, überwiegen die Briefe, die sich für unsere Nähe bedanken. Wir machen Trostfernsehen, und wir wissen es. Nur halten wir das Trösten für eine wichtige Überlebenskunst. Schließlich kann man nur grob die Hälfte aller Übel durch Handeln aus der Welt schaffen. Wenn überhaupt. Die andere Hälfte aber muß man einfach akzeptieren lernen, damit man nicht verrückt wird. Und da trifft eben meine Formel, daß nur ein guter Trost dafür sorgt, daß man bei Trost bleibt. Was man den Klugen noch vermitteln muß, bezeugen die Briefe der Getrösteten. Zu Hunderten und Tausenden erreichen sie uns. Doch gleichzeitig machen sie uns große Probleme. Niemand von uns rechnete damit, daß wir als Fernsehmacher so ernst genommen würden. Was machen wir jetzt mit den vielen tausend Briefen? Wir können sie doch nicht einfach in den großen Papierkorb tun? Wir müssen doch antworten? Wer bezahlt eigentlich die vielen Mitarbeiter, die notwendig sind, der Briefflut unserer Zuschauer zu begegnen? Es dauert Jahre, bis das geklärt ist. In der Zwischenzeit beißen den Letzten die Hunde. Und das ist im Zweifelsfall der Moderator.

Da kommen Briefe aus der Schweiz mit tausend Schweizerfranken, um Hilfe anzubieten, wo Hilfe gefragt ist. Da fährt die Post täglich vor und liefert einen Eilbrief ab. Und wir ahnen schon, was darin stehen wird. Ein Mensch ist am Ende und gibt uns ein Signal, daß er dennoch gerettet werden möchte. Die Briefe mit Fotos, die einen verheirateten Mann überzeugen wollen, doch einen neuen Weg einzuschlagen, amüsieren uns mehr, als daß sie uns Sorge bereiten. Und Angebote, doch der Ghostwriter für die Manuskripte von Erinnerungen mancher Zuschauer zu werden, schlage ich aus. Aber um all den unterschiedlichen Anliegen einigermaßen gerecht zu werden, müssen qualifizierte Mitarbeiter gewonnen werden, die mir beim Beantworten helfen. Deshalb arbeiten in meinem Büro zusammen mit einer Sekretärin auch noch eine Psychologin und ein Theologe. Allein geht man in die Knie oder sogar unter.

Leichenrede

Zwischen all den Briefen finde ich den Wunsch eines vierzehnjährigen Mädchens. Sie erzählt davon, daß mir ihre Großmutter Nachmittag für Nachmittag die Treue hält und einen einzigen Wunsch hat. Sie will, wenn sie eines guten und fernen Tages stirbt, von mir begraben werden. Mit diesem Wunsch ist sie nicht allein. Das kann ich auch verstehen, schließlich liegt das geistliche Handwerk, einen Menschen liebevoll von dieser Welt zu verabschieden und seine Angehörigen zärtlich zu begleiten, bei uns ziemlich im argen. Und wiewohl ich trotzdem in solchen Fällen immer höflich, aber bestimmt ablehne, sage ich hier zu. Warum, weiß ich eigentlich gar nicht. Normalerweise muß es schon mehr als einen Draht geben, um die am Ende wochenlange Verantwortung, einen Menschen in die andere Wirklichkeit zu verabschieden, seine Angehörigen vorsichtig von ihm zu trennen und ihre Blicke wieder den Lebenden zuzuwenden, auf mich zu nehmen.

So wie bei Gordy. Und so wie bei Wolfgang.

Er gehörte zu meinen ersten Entdeckern, als ich schon auf Sendung war. Und er als alter Fernsehhase war mir mit seinem Urteil wichtig. Nur hat er es mir nie sagen können. Über viele Jahrzehnte war er zu einer Fernsehinstitution geworden. Aber jetzt war er alt und krank geworden. Und an irgendeinem Nachmittag zwischen Montag und Donnerstag sagte er wohl zu seiner Frau, daß er von mir begraben werden wollte. Als sie mir davon erzählt, sage ich zu. Denn er ist ein Kollege. Und da darf man sich nicht drücken. Also rede ich für ihn. Ich muß wie immer Worte finden, die dem Verstorbenen, seinen Angehörigen und meiner Tradition gerecht werden. Und ich halte an seinem Grab eine Leichenrede.

Carpe diem, hat er immer gesagt! Und hat es gelebt! Wer Augen hat zu sehen, der hat es auch gesehen, oder? Carpe diem, genieße den Tag! Auch heute? Dabei ist heute Allerseelen, und wir ziehen auf den Friedhof! Der Tag, an dem weltweit die katholischen Christen ihrer Toten gedenken. Wir Evangelischen, die preußisch-provinzielle Sorte zuallererst, haben das vor lauter Klarheit und Klugheit oft genug vergessen. Freunde, wie sollen wir diesen Tag genießen? Antwort: Wir werden ihn genießen, indem wir heute noch einmal mit dem Menschen Wolfgang zusammen sind. Mit seiner Frau und seiner Familie, seinen Freunden. In unseren Geschichten, Gebeten und

Musiken wird er auferstehen. Gleich jetzt! Carpe diem!

Es ist eine alte Weisheit, daß der Augenblick des Todes und der Augenblick und all die Umstände der Geburt eines Menschen wie leuchtend klare Sterne über dem Leben eines Menschen stehen. Sterne, die die undurchdringliche Dunkelheit, Sinnlosigkeit und Ziellosigkeit eines Menschenlebens genügend erhellen.

Unsere Väter und Mütter, Ammen und Hebammen haben sich jahrtausendelang wie bei Dornrößchen über die neugeborenen Kinder gebeugt, um alles zu sehen und alles zu deuten: der Tag, die Stunde, Muttermal und Nabelschnur. Alles war ihnen wichtig. Nichts war unwichtig. Nichts zu gering. Gerade das Geringe konnte von Bedeutung sein. Ein Rest dieser Weisheit und Wahrheit steckt immer noch im nie auszulöschenden Interesse für Astrologie. Aber wer deutet heute schon gerne?

Wer traut sich? Privat, okay! Er war Fisch, 10. März! Aber in der Öffentlichkeit? Ich bitte Euch! Und wenn Öffentlichkeit auch noch zum Beruf wird? Unmöglich! Aber wer nicht deutet und deuten übt, um auf die Botschaft hinter den Zeichen zu kommen, um im Sichtbaren das Unsichtbare zu sehen, der muß sich damit abfinden, daß er ein deutungsloses und damit wohl auch ein bedeutungsloses, sprich sinnloses Leben führen wird. Die Geburt eines Menschen, Stunde, Tag, Umstände werfen ein Licht auf sein Leben. Dieses Wissen ist mit den Magiern aus dem Morgenland bis in die Mitte unserer christlichen Tradition gerückt und steckt da mitten in der Schrift wie ein Stachel in der Borniertheit der Klugen.

Und wie ist das mit den Umständen des Todes? Sind die nicht auch voller Botschaften, die gedeutet werden wollen. Warum wollen diese Sekunden, Minuten und Stunden nicht und nie aus dem Herzen der Angehörigen weichen? Warum wird Wolfgangs Frau von diesem Samstag nie und nichts vergessen? Ihr sagt: Vielleicht Schock! Gut, ihr wart beim Arzt, der spricht so. Oder seid selbst Mediziner und schaut euch die Symptome an! Ich aber sage: deuten! Denn ich bin quasi von der Profession her zuständig für die unsichtbare Wirklichkeit, die das Unsichtbare mit dem Sichtbaren zusammenbringen will. Ich will, daß das eine das andere deutet und damit zusammenfügt und damit heilt. Deuten, sag ich, nicht Schock! Deuten und kauen, bis es süß wird und die Botschaft zur Stärkung wird. Tränen, die zum Tanz geleiten.

Sagt mir doch zum Beispiel, warum die Frau ihren sterbenden Mann in den Händen halten durfte? Ist das nun schrecklich, gar eine Tragödie oder das letzte Zeichen einer großen Liebe? So groß die Liebe, so groß der Schmerz? Sagt mir doch, warum Wolfgang Hanel als letztes den Schreibtisch aufräumt und sogar duschen will? Duschen als letzter Wille! Ja geradezu und quasi mit einem reinen Herzen sterben will? Wo doch jeder weiß, daß Duschen die spirituelle Übung für Anfänger ist. Da muß man nicht in die Kirche gehen, nicht zum Beichten und hat doch das Gefühl, irgendwie rein geworden zu sein, auch innen. Und die Zeit ist nicht mehr meßbar. Da wird man sauber nicht nur bis auf die Haut, sondern tiefer, bis unter die Haut, bis ins Herz hinein und erlebt zudem, daß wir offenbar alle nicht ganz dicht sind. Sagt mir doch, warum er ausgerechnet 1994 in Berlin stirbt, wo ein Teil seiner Freunde, mehr noch, wo mit den Alliierten ein Teil seines Lebens aus dieser Stadt abzieht. Und Wolfgang weint. Französische Lebensart, amerikanische Herzlichkeit, Weltläufigkeit und sicher auch Toleranz, die dem notwendig entstandenen Inselmief etwas entgegensetzen wußten. Sie ziehen ab! Da wird die Heimat zur Fremde. Seht doch, da wirft der Tod ein Licht auf die Seele eines Menschen und zeigt sie uns unmittelbar. Klarer vielleicht, als er jemals zugelassen hätte, selber über sich zu sprechen.

Er hat es ja immer vermieden, auch bei anderen Menschen, die Kamera direkt draufzuhalten, quasi schamlos zu sein. Es gibt einen Respekt unter unseren Vätern im Leben und im Beruf vor dem Heiligen, den unsere Generation zu verlieren droht. Indirekte Mitteilung ist gefragt. Gesichter sind heilig, und darum muß alles daran gesetzt werden, daß niemand es verliert. Gesichter müssen bewahrt werden. Wie sein eigenes. Schaut doch, wie jung es geblieben ist. Es ist das Gesicht eines Jungen!

Indirekte Mitteilung, ironische Berechnung, schmunzelnd um den heißen Brei, voller Wissen und sich selbst davon nicht ausnehmen. Wie sonst soll ich seine Freunde verstehen, die wie im Märchen »Fünf kommen durch die Welt« sich selbst schmunzelnd ironisch die Superlative zuschieben? Und dabei ist dann Wolfgang H. »Der Liebste!«

Ich würde »dem Liebsten« gerne ein weiteres Prädikat hinzufügen, Frau H., was man vielleicht erst durch seinen Tod hindurch wahrnehmen kann: Ich würde ihn heute gern »den Reinsten« nennen!

Da ist diese berufliche Pingeligkeit, wie ich das mal

mit meinem rheinischen Preußentum sagen darf, nur die oberflächlichste Wahrnehmung dieser Seelenseite. Da wischt trockener Humor alle Schwaden von zu Scheinheiligem, von zu Dusseligem beiseite, macht reinen Tisch und gründet sich in einer Reinheit des Herzens, die er uns wohl von seiner Mutter her mitbrachte. Lebensregeln, abgegriffen, die er bei seinen Papieren und Testamenten aufbewahrte. Alle erzählen von der Reinheit des Herzens. Eine springt einen geradezu an: »Wollt ihr einen Menschen auf seinen wahren Wert prüfen, so sagt ihm freundlich ins Gesicht, was euch nicht an ihm gefällt. Verträgt er den Tadel, dann kann man es noch mit einem Lob versuchen. Bleibt der Mensch unbeirrt euch treu, dann könnt ihr Häuser auf ihn bauen. Seht Ihr, liebe Gemeinde, Ihr Freunde und Kollegen, der Tod, seine Stunde, seine Art ist ein Stern, der ein Leben beleuchten und erklären kann.«

Für Christenleute steht der Stern von Bethlehem zwar ausschließlich vor dem Geburtsdatum eines Menschen. Und vor dem Todestag ein Kreuz. Einfach, weil jedes Leben, eingeschlossen zwischen dem menschlichen Stern von Bethlehem und dem Kreuz Golgatha, gelebt und gedeutet werden kann und von daher seinen Sinn bekommt. So wie Stern und Kreuz ja auch auf dem Grabstein der H.-Eltern gleich neben der Kapelle hier auf dem Grabstein stehen. Aber wer den Tod nicht fürchtet und seine Botschaft kaut, dem wird der Tod zum Stern, der geht durch Dunkelheit zum Licht. Also: Carpe noctum! Genieße die Nacht! Also genießen wir zum Tag auch noch die Nacht! Jetzt würde der H. doch tatsächlich leise in die Predigt hineinflüstern: »Die Nacht ist nicht allein zum Schlafen da.« Recht hat er! Und das heißt in der Sprache Jesu: Amen!

Freitag ist Waschtag

Freitag, nachdem wir bis zu zwölf Sendungen hinter uns gebracht haben, kommt immer eine große Traurigkeit über mich. Und dann und wann kann ich die Tränen nicht mehr in mir halten. Ich schäme mich nicht dafür. Es sind meine kostbarsten Helfer, wieder sauber zu werden. Sie begleiten das Gefühl, daß es geschafft ist. Aber ich bin es auch. Sie sind für mich wie ein warmer Regen. Und die Anstrengung der vergangenen Tage will ich aus meiner Seele herauswaschen. Schließlich ist etwas Wahres daran, daß sich die »Fliege« auf jeden »Scheißhaufen« setzt. Es gibt nichts, was ich mir nicht anhöre, mich interessieren alle Geschichten. Da ist ja eine Menge zusammengekommen. Und jetzt kommen die Tränen und beginnen damit, alles wegzuschaffen. Denn wenn alles zu Herzen geht, muß auch alles wieder herauskommen.

Es gibt ein paar Mittel und Wege, daß ich nicht mehr alle Geschichten mit in die kommenden Tage und Wochen nehme. Spazierengehen oder langsam rudern an einem stillen See hilft. Die Stille des Wassers kann mir die Unruhe abnehmen. Die Tränen, die unmittelbar nach den Sendungen meine Trauer über diese und jene Geschichte spürbar machen, reinigen mich. Und wenn alles zu viel und unüberschaulich wird, hilft letztlich die etwas unprotestantische Zuflucht zum Vorbild Don Camillo, der mit einem zwinkernden Blick nach oben sagt: Herr, jetzt bist Du dran. Ich hab getan, was ich konnte. Jetzt hilf Du! Soviel arbeiten, als wenn alles beten nichts nützt. Aber dann auch soviel beten, als wenn alles arbeiten nichts nützt. Da ist es wieder, das alte benediktische Wissen. Und dann wieder ein paar tausend Mark aus der Stiftung »Fliege« in irgendeine Armutsecke Deutschlands anweisen und seufzen: Wo Du nicht bist, Herr Jesus Christ!

Einsamkeit

Ausgerechnet die von Alleinlebenden dominierte Kultur- und Journalistenszene Deutschlands kann es nicht fassen, daß wir uns an die Arbeit gemacht haben, Menschen damit zu unterhalten, daß wir uns Mühe geben, sie da und dort wieder zusammenzuführen. Wir sind ja schon zufrieden, wenn wir es schaffen, in einem grauen Nachmittag ein paar farbige Akzente zu setzen. Aber glücklich sind wir, wenn es uns gelingt, irgend etwas wieder heil zu machen und zusamenzubringen. Einsam wird man doch von selbst. Auseinanderfliegen geht automatisch! Alles fliegt auseinander. Die Kinder fliegen in alle Richtungen aus dem Nest. Jede dritte Ehe fliegt auseinander, Koalitionen in der Politik und so manche Familie sowieso. Aber wer oder was führt und fügt uns wieder zusammen? Es kann doch nicht alles nur auseinandergehen?! Geht zusammenfügen eigentlich auch automatisch? Genauso automatisch, wie die Natur uns auseinanderfliegen läßt? Ich weiß es nicht sicher. Ich sehe noch zuviel auseinanderfliegen, um daran unerschütterlich zu glauben. Und falscher Glaube ist lebensgefährlich. Und solange das alles in der Schwebe ist, rate ich uns, von uns aus Anstrengungen auf uns zu nehmen, wieder zusammenzukommen. Denn Geschwister und Ehepartner sind nicht nur Monster. Parteifreunde nicht nur Verräter und Geschäftspartner nicht nur Gangster. Okay, sie sind es (vielleicht)! Aber ich bin es ja auch in ihren Augen.

Also, wie wäre es, wenn wir von unseren kritischen einsamen Augen in den nächsten Tagen einfach eins zudrükken? Die Gelegenheit ist günstig. Sie können natürlich auch bis Weihnachten warten. Da funktioniert das fast von selbst. Das Leben schickt eben Gelegenheiten. Und Gelegenheit macht zu Weihnachten wieder Liebe. Weihnachten macht weich. Und wenn Sie jetzt Ihre verlorenen Leute irgendwo treffen wollen, dann kann das ja auch in irgendeiner übervollen Weihnachtskirche sein. Die sind ja Weihnachten nicht wegen des Pfarrers so voll; die sind Weihnachten voller Suche und Suchender aus der verdammten Einsamkeit heraus. Da trifft man sich auf der Suche nach dem verlorenen Glück in alten Liedern. Und hoffentlich springt der Weihnachtsfunke über. Und hoffentlich ist da kein Pfarrer, der die Leute anschreit! Hoffentlich ein Pfarrer, der im Familiengottesdienst einen echten Esel engagiert hat. Und die Kinder reiten einmal in ihrem Leben durch das Kirchenschiff auf Marias Esel! Hoffentlich Kerzen statt Halogenlampen. Und hoffentlich Menschen, die mich wiedererkennen und auf mich zugehen! Denn wer jetzt seinen Freiflug in die Einsamkeit stoppen kann, hat in jedem Fall Weihnachten Bescherung.

Liebe und Schmerz – schreien nach Öffentlichkeit

Warum muß ich immer und immer wieder erklären, warum unsere Gäste so freimütig über ihre dunkelsten Tage erzählen? Warum nimmt es gerade die Intellektuellen im Lande so wunder, daß auch Liebesgeschichten darauf angelegt sind, nicht das Geheimnis von zwei Liebenden zu bleiben? Als ich vor laufender Kamera zum x-tenmal danach gefragt werde, erzähle ich meine zwei erhellendsten Beispiele auch zum x-tenmal. Unser Schmerz ist das letzte Signal, daß wir nicht auf dieser Welt sind, um alleine zu leben und alleine zu bleiben. Denn wenn ein kleiner Junge aus vollem Lauf mit seinen Knien auf den harten Asphalt fällt und er nach ein paar Schrecksekunden weint und schreit, kommt seine Mutter gelaufen und mahnt ihn, nicht so laut zu weinen. »Sei still, du schreist ja die ganze Straße zusammen!« Und sie nimmt ihn auch in ihre Arme, um das laute Schreien zu ersticken. Sie hat wohl Erfahrung gemacht, daß der Schmerz eines einzelnen die anderen Menschen auch hindern kann, zu ihm zu stehen. Aber was wäre denn, wenn der kleine Junge mit seinem Geschrei die ganze Straße rufen wollte?

Schließlich ist er noch nicht so vom Leben der Menschen in Mitteleuropa verdorben. Er ist vielleicht erst vier Jahre alt, er will vielleicht, daß die ganze Straße zusammenläuft, um zu sehen, was einem von ihnen Schmerzhaftes passiert ist? Was wäre, wenn die Mutter allein gar nicht genug Trost hätte, den Schmerz eines kleinen Menschen aufzufangen und zu lindern, sondern nur die vielen Menschen der ganzen Straße? Was dann? Könnte es vielleicht sein, daß der kleine Mensch noch mehr weiß als der große? Daß noch eine Lebenserfahrung in dem Kleinen wach ist, die bei den Erwachsenen schon eingeschlafen ist. Und die heißt: Ich mit meinem Schmerz bin ein Teil von euch allen. Ich bin ein Glied eines größeren Ganzen. Und das muß wissen, was einem von ihm passiert ist. Jeder kleine Finger gibt doch dem ganzen Körper ein Schmerzsignal, so daß der ganze Körper sich in nächster Zeit voll auf den Kleinen konzentriert.

Und was nun für den Schmerz der kleinen und großen Leute gilt, gilt genauso für die Liebe der Menschen. Es gibt ein tiefes Bedürfnis, von seiner Liebe zu erzählen, zu jauchzen, laut zu werden und zu tanzen und es so allen mitzuteilen, sich mit der Liebsten stolz der Öffentlichkeit zu präsentieren und sie wie einen kostbaren Schmuck zu tragen.

Und auf einmal macht man als »Talkmaster« eine Entdeckung. Es gibt eine falsche Scham! Es gibt eine falsche Scham, die uns wohl das Bürgertum der letzten Jahrhunderte beschert hat mit seiner totalen Abschottungsideologie: »My home is my castle. Mein Haus ist meine Burg. Und wie es auf dem Konto aussieht, geht niemanden etwas an. Und mich geht auch keiner etwas an. Jeder ist seines Glückes und Unglückes Schmied.« Es lebe das seelische Single-Dasein, das wohl erst die Grundlage der modernen Einraumwohnungsmenschen bildet. Es gibt eben nicht nur Falschgeld, falschen Lachs und falschen Kaviar. Es gibt auch eine falsche Scham.

Es gibt eine falsche Scham, die sich so ähnlich anfühlt wie die richtige. Die auf den ersten Blick auch so aussieht und die doch nur wie alles Falsche nichts anderes im Sinn hat, als das Leben in die Irre zu führen, damit es dort umkommt. Man erkennt sie oft daran, daß man schauen muß, wer sie denn als richtige Scham verkaufen möchte, damit er am Ende nicht hören, sehen und fühlen muß, wie es anderen Menschen geht. Das Geschrei der Straße soll nicht in die Wohnzimmer dringen.

Und es gibt bis in die ersten mythologischen Schöpfungsgeschichten unserer Kultur hinein eine richtige Scham, die wie alles Richtige nichts anderes im Sinn hat, als dem Leben die Richtung zu weisen, damit es an sein Ziel kommt. Sie will die ursprüngliche, alles treibende Kraft der Liebe, die sich für alles öffnen will und muß, vor zuviel Verwundungen und Verletzungen schützen. Wer aber unterscheidet, was falsche und was richtige Scham ist? Ist es richtig oder falsch in einer größeren Öffentlichkeit, im Fernsehen gar von sich und seinen Lebenserfahrungen zu erzählen? Ist es richtig oder falsch, seinen seelischen und körperlichen Schmerz in die Welt hinauszuschreien? Und ist es richtig oder falsch, von seiner Liebe zu erzählen, als wenn es nicht nur zwei Verliebte, sondern alle Menschen etwas anginge?

Wenn nach vielen hundert Talk-Sendungen tausende von Menschen mit mir einen Weg gefunden haben, ihre besondere Geschichte mit vielen anderen zu teilen und selbst zu spüren, wo ihre richtige Scham sie vor allzu großer Öffnung ihres Herzens schützen will und die falsche Scham sie am liebsten verstummen lassen möchte, bekommt man als Begleiter langsam eine Trittsicherheit. Man spürt oft instinktiv, wie weit man gehen darf, um der Angst eines Menschen nicht weiterhin das gesamte Feld des Lebens zu überlassen und andererseits ihn vor Voyeurismus und falscher Nähe zu schützen.

Und wenn eine Sendung vorbei ist, kommt oft genug ein Brief oder ein Anruf und erzählt davon, daß gerade das Erzählen des Lebens dem Leben einen neuen Sinn gab und es endlich weiter führte. Einen Sinn, der solange nicht auftauchen wollte. In diesem Sinne erzähle ich manche Geschichte, die mich bewegt hat und meinem Leben einen neuen Sinn gab, hier noch einmal nach. Sie sollen Menschen ermutigen, von sich, ihren Schmerzen und ihren Freuden zu erzählen.

Fernsehpfarrer

Ich weiche immer ein bißchen aus, wenn ich irgendwo »Fernsehpfarrer« genannt werde. Meine Herkunft findet es einfach nicht seriös genug. Eine leichte Scham steigt hoch und kann mit dem Wort nicht umgehen. Dabei haben mich Menschen aus dem Fernsehen selber mit auf den Weg gebracht.

Ich bin ein bißchen von »Don Camillo« getauft worden, den ich im Fernsehen kennenlernte. Don Camillo, der katholische Geistliche mit langer schwarzer Soutane, dargestellt von dem französischen Schauspieler Fernandel. Elektronisch verbunden habe ich zu seiner Herde gezählt. Ich war sein Anhänger, eines seiner schwarzen Schafe. Und er zeigte mir, wie man in der sichtbaren Wirklichkeit, die wir die Erde nennen, mit der unsichtbaren Wirklichkeit, die wir den Himmel nennen, umgeht. Es gibt also auch elektronische Wege in den Himmel.

Fernsehen können reicht, um an die Seite eines »Hirten« und Pastors zu geraten. Man braucht kein Abitur, lesen und schreiben können. Fernsehen reicht!

Und welcher Pfarrer hat Sie vielleicht auf den rechten Weg geholt? War es Ihr eigener Pfarrer zu Hause? Welchem Pastor haben Sie sich anvertraut auf der Suche nach Leben und Kraft, Witz und Trost? Ist es der Pastor, der Sie getauft, gefirmt und getraut hat und nun beerdigen soll? Also war es ein Pfarrer aus Fleisch und Blut oder blutleer oder doch einer aus Zelluloid oder aus dem Fernsehen? Wie Pfarrer Sommerauer, der in den sechziger Jahren in der ARD mit der Brille spielte, wie später nun noch Erich Böhme bei »Talk im Turm«? Oder waren es doch Pfarrer Albertz und Jörg Zink und die Nonne Isa Vermehren beim »Wort zum Sonntag«? Oder hat sie einfach Heinz Rühmann als Pater Brown mehr bewegt als alle richtigen Pfarrer, Mönche und Nonnen zusammen? Vielleicht hängen Sie auch an Günther Strack und dem Kollegen Wennemann alias »Schwarz greift ein«? Oder lieben Sie auch den alten Don Camillo des Fernandel im Schwarzweiß-Fernseher der fünfziger und sechziger Jahre?

Ja, es kann ja sogar sein, daß Sie gar nicht von einem Geistlichen auf den rechten Weg verführt worden sind, sondern von irgendeinem anderen Wesen auf diesem Planeten. Mutter, Vater oder dann doch wieder Heinz Rühmann, wie er im Film und Fernsehen als Schuster Hans Vogt alias der Hauptmann von Köpenik seinem Schwager erklären muß, daß er eines Tages nicht vor dem Thron Gottes stehen möchte, nur um dem zu sagen, daß er seine siebzig, achtzig Jahre Matten geflochten hat.

Später kamen für mich zwei elektronische Engel dazu.

Und einen von ihnen durfte ich begraben. Ich sah Mary und Gordy in Deutschlands erster Transvestitenshow. Und sie sangen eine deutsche Version von Frank Sinatras Titel »My Way«. »Der letzte Vorhang«. Und sie erzählten in diesem Lied von ihren Phantasien, wenn das Leben auf dieser Erde zu Ende sein würde und sie sich auf die Reise in den Himmel machten. Es wäre eine Reise in die Wahrhaftigkeit. Es würde eine Reise nach innen. Und während sie sangen, zogen sie ihre Fummel aus, nahmen die Perükke vom Kopf und schminkten sich die Gesichter ab. Und ich weinte und weinte, während irgendwo in einem deutschen Sender ein Videoband durch den Abnahmekopf einer Sendemaschine lief. Ich habe eben nah am Wasser gebaut. Da komme ich schließlich her und denke nicht daran, mich zu weit in die Trockenheit hinauszuwagen.

Jahre später stand ich auf dem Friedhof in einer kleinen Stadt im Südschwarzwald. In der Hand trug ich eine Urne mit der Asche von Gordy. Irgendeiner im Himmel hatte dafür gesorgt, daß wir uns über den Weg laufen sollten. Und als er mich, schon vom Tode gezeichnet, vor einem gemeinsamen Auftritt beiseite nahm und mich in einem dunklen Stuhllager fragte, ob ich ihn begraben würde, nickte ich nur und hielt seine Hand. Eine Hand hält und heilt die andere.

Final thoughts – Schlußgedanke

Warum klopft Beckenbauer seinen einwechselnden Spieler von hinten väterlich auf die Schulter? Und was gibt der Spieler, der erschöpft für den Neuen das Spielfeld verläßt, seinem Kameraden da klatschend unsichtbar in beide Hände? Sie segnen sich, würde der Kirchenmann sagen, sie spenden sich die unsichtbaren Kräfte.

Wenn Sie mit wildfremden Menschen über Religion reden wollen, dann fragen sie nach den Menschen, die ihn gesegnet haben. Von wem hat er unsichtbare Kräfte bekommen? Wer hat ihn ins Leben geschickt? War es die Mutter, der Vater, der Freund, der Kamerad, der Lehrer, der Pfarrer, der Trainer, ein Fremder, die Freundin, wer war es? Und wie hat das stattgefunden? Es wird fast nie so gewesen sein, wie der Pfarrer am Ende der Messe die Mitglieder der Gemeinde segnet. Es wird anders gewesen sein. Es wird vielleicht so gewesen sein, wie meine langjährige Hilfe im Haushalt ihre und meine Kinder segnete, bevor sie das Haus verließen. Sie malte rasch mit dem Daumen ein Kreuz auf ihre Stirn und murmelte etwas von einem Schutzengel, der mit ihnen sein soll. Aber vielleicht war es in einem entscheidenden Augenblick ihres Lebens auch eine solche stumme Hand wie die von Bekkenbauer? Oder vielleicht war es auch nur ein fester, anderer Händedruck des Vaters? Ich weiß es nicht. Aber ich weiß, daß wir alle von diesen Augenblicken leben. Sie begleiten uns nicht nur, sie leiten uns sogar. Sie verhüten, daß wir in Krisen an uns gänzlich verzweifeln. Sie sind die spirituellen Kräfte des Alltags.

Denn was kann ich einem Menschen, den ich liebgewonnen habe, mitgeben, wenn wir uns trennen? Wie kann ich ihm beistehen, wenn ich nicht mehr an seiner Seite bin? Wenigstens nicht sichtbar. Wie kann ich vielleicht unsichtbar an seine Seite rücken? Ich muß ihn segnen. Ich muß zum richtigen Zeitpunkt die richtige Geste finden. Ich muß, wenn überhaupt, das richtige Wort finden. Ich muß die Medizin finden, die ihn mitten in seiner Einsamkeit stärkt.

Von der besonderen Kraft des Segens überzeugt wird ein Pfarrer meistens dann, wenn er ihn einmal vergessen hat. Da wird die Gemeinde rebellisch. Das wird sie ihm Sekunden nach der Zeremonie schon klarmachen, daß das Entscheidendste des ganzen Gottesdienstes gefehlt hat. Schließlich sind sie zur Kirche gekommen, um aus ihrer Unsicherheit, ihrer Schutzlosigkeit und Einsamkeit herauszufinden. Das Gefühl, wieder geborgen leben zu können, war das Ziel der ganzer Aufregung. Und nun hatte der Pfarrer im Auf und Ab monotoner Arbeit den Segen vergessen. Das kann mal vorkommen. Nicht aber so gravierend wie bei Kraftfahrzeugmechanikern, die vergessen, die Schrauben der Räder festzuziehen. Der Segen ist die Mitte und der Höhepunkt aller religiösen Feiern. Und wo die Religion ihr Recht und ihre Erfahrbarkeit verloren hat, da muß ein segnender Mensch bei der Nachfrage ansetzen.

Ich hatte in Berlin im Radio meine Formel gefunden. »Passen Sie gut auf sich auf!« Das sollte der letzte Satz sein. Aber vorher wollte ich den Geist der Veranstaltung in ein, zwei Sätzen noch einmal auf den Punkt bringen. Schließlich steht und fällt die ganze Sendung für mich durch den Geist, der sie trägt. Und der heißt: Umstimmung! Ich will die Gäste aus ihrer Verstimmung abholen, die sie kränkte oder ins gesellschaftliche Abseits führte. Ich will sie in die Mitte unseres Interesses führen. Ich will, daß sie heil werden und wieder Hoffnung schöpfen können. Ich will mehr als eine Talk-Show. Ich benutze nur die Form. Während in ähnlichen Sendungen die Welt beim Untergang beobachtet wird, will ich deutlich machen, daß für mich nicht der Untergang das letzte Kapitel eines Menschenlebens ist. All die großen ungelösten Warum-Fragen des Lebens wollte ich mit einer einzigen neuen Frage ablösen: Wozu das alles? Es muß doch einen Sinn und eine Logik haben, was uns hier passiert. Und wenn wir uns treffen, uns unsere Geschichten zu erzählen, dann, um die verrücktesten Puzzlesteine des Lebens zu sehen und zusammenlegen zu können.

Denn was unterscheidet meine tägliche Talk-Show von den anderen? Sie ist weder im Thema noch von den Gästen her unterschieden. Es gibt einfach in Deutschland nicht unzählig viele transsexuelle Menschen, die sich auch noch trauen, mit ihrer Geschichte in die Öffentlichkeit zu gehen. Und die erfolgreiche Beteiligung der Zuschauer am Gespräch mit unseren Gästen hat die Konkurrenz sehr schnell nachgemacht. Was uns am Ende von anderen unterscheidet, bin nur ich, der Moderator und mein Geist. Wie ich mit meinen Gästen umgehe, muß sich von der Art des anderen unterscheiden. Meine Art und Weise, sich Menschen und ihren Geschichten zu nähern, wird darüber entscheiden, ob meine Sendung neben all den anderen Bestand haben wird oder nicht.

Und so sitze ich mit meinen Mitarbeitern unmittelbar vor jeder Sendung und überlege, was wohl rauskommen könnte, wenn unsere Gäste ihre Geschichte losgeworden sind? Was könnte die Summe sein? Und wie müßten wir die Schwere der Tränen und Schicksale eventuell brechen, um sie als Zuschauer überhaupt behalten und verdauen zu können? Schließlich ist es Nachmittag, und das Leben geht weiter?

Das ist die Zeit, in der ich mein Schlußwort entwerfe. Es muß so kurz wie möglich sein. Wenige Sekunden darf es nur dauern. Und es muß der Versuch einer Antwort sein, wo viele Fragen aufgeworfen wurden. Es muß ein bißchen Humor enthalten, denn es könnte doch sein, daß wir eines Tages aus einer höheren Warte auf unserer Leben heranschauen und endlich entdecken, daß manches schon sehr witzig war. Vor allen Dingen aber darf es für die Gäste kein Schlag ins Gesicht sein. Auch in diesen letzten Sekunden sind sie unsere Gäste, und so sollen sie sich auch fühlen. Ich könnte eigentlich jede Sendung mit dem Schlußwort beenden, das ich in der Sendung über Hotelgeschichten an den Schluß stellte: Ein Aufenthalt in einem Hotel – das kann man durchaus vergleichen mit einem ganzen Menschenleben hier auf dieser Erde. In beiden Fällen ist man eine gewisse Zeit lang zu Gast und kriegt am Ende die Rechnung präsentiert. Und in beiden Fällen sollte man sich so benehmen, daß man nicht vorzeitig rausfliegt. Passen Sie gut auf sich auf!

ECON SACHBUCH

Peter Lauster
Stärkung des Ich
Die zweite Geburt der Selbstwerdung
TB 26124-X

In der heutigen leistungsorientierten Gesellschaft steht zumeist die Entfaltung körperlicher und rationaler Fähigkeiten im Vordergrund – das Seelenleben bleibt dabei auf der Strecke. In seinem neuen Buch durchwandert der Psychologe Peter Lauster die Seelenlandschaft des heutigen Menschen und ermuntert den Leser, selbst auf Entdeckungsreise in Richtung »Mensch-Werdung« zu gehen.

Peter Lauster
Die sieben Irrtümer der Männer
TB 26125-8

Dieses Buch ist eine eindrucksvolle Studie über die Psyche der Männer. Sie will dem Mann Selbstvertrauen vermitteln und ihn von falschen Männlichkeitsidealen befreien. Peter Lauster ist seit Jahrzehnten der erfolgreichste Autor von psychologischen Ratgebern.

Peter Lauster
Wege zur Gelassenheit
TB 26121-5

Die Sorge um Selbstverwirklichung, seelische Konflikte und die als Bürde empfundene Verantwortung belasten immer mehr Menschen und erzeugen Lebensängste. Anhand von Fallbeispielen macht der Autor deutlich, wie man sich aus seelischen Verkrampfungen lösen und ein Leben in Harmonie und Gelassenheit verwirklichen kann.

S 003

ECON TASCHENBÜCHER ECON

ECON UNTERHALTUNG

Rosemarie Lingk

Rosemarie Lingk
Ich bin keine Supermutter
Heitere Erfahrungen aus dem Alltag einer Großfamilie
TB 27012-5

Fünf Kinder können einiges durcheinanderbringen ... Im Alltag einer solchen Großfamilie überstürzen sich die Ereignisse, die so manche Nerven kosten. Mit dem Humor einer Mutter von fünf, bald sechs Kindern erzählt Rosemarie Lingk mal amüsant, mal nachdenklich aus den verschiedensten Blickwinkeln vom Leben in ihrer Familie. Rosemarie Lingk ist Mutter von jetzt sechs Kindern.

Rosemarie Lingk
Ich hab' keine Wunderkinder
TB 27056-7

„Als die Kinder über die Erde verteilt wurden, bekamen mein Mann und ich sechs wunderbare Kinder – die Wunderkinder gingen an andere Adressen. Verstehen Sie mich richtig: Auch Mozart wäre heute kein Wunderkind mehr. Wenn Sie dieses Buch gelesen haben, wissen Sie, warum. Auf jeden Fall aber wissen Sie dann, was man mit sechs Kindern erleben kann, die keine Wunderkinder sind."

U 005

ECON TASCHENBÜCHER

ECON